전설의 골퍼가 남긴 위대한 레슨 5

벤 호건 골프의 기본

벤 호건 · 허버트 워런 윈드 지음

앤서니 라비엘리 그림

김일민 옮김

한국경제신문

Ben Hogan

Five Lessons
The Modern
Fundamentals
of Golf

서문
Foreword

70대에 접어든 벤 호건(1912. 8. 13~1997. 7. 25. 1985년 이 책 개정판이 나올 당시 나이-편집자 주)은 고향인 텍사스 포트워스에 거주하며 골프용품 회사를 운영하고 있다. 이제는 골프를 치더라도 시합보다는 운동 차원으로 쓰리볼 매치 몇 홀 도는 정도만 즐긴다. 1949년 끔찍한 교통사고로 엉망이 된 몸이 그 이상을 버티지 못하기 때문이다. 한 번도 관심의 중심이 되길 바라지 않았던 그는, 이제 온 국민의 관심에서 벗어나 골프 역사상 최고로 전설적인 인물이 되었다.

지난 12월, 회색 맞춤 정장을 입은 이 신비로운 남자는 가죽으로 된 사장님 의자에 앉아 몸을 앞으로 기대며, 메이저 챔피언십에서 보이던 강렬한 눈빛으로 나를 얼어붙게 했다. 내가 골프 다이제스트 기사를 쓰던 시절 줄곧 봐왔던 눈빛이었다. 그에게 만약 지금 이 책을 쓴다면 어떻게 다르게 쓸 것인지 물었다.

"1957년 썼던 것과 똑같이 쓸 겁니다." 호건은 단호하게 말했다. "풀스윙에 대한 내 모든 지식이 이 책에 담겨 있어요. 기본 원칙은 절대 변하지 않는다고 생각합니다. 각자 달라 보이는 이유는 그저 우리가 다르게 태어났기 때문이에요. 운동신경과 학습 의지가 있고 시간과 노력을 들일 수 있다면, 이 책을 통해

006

나보다 더 좋은 선수가 될 수 있어요. 요즘 사람들은 체격이 더 좋기 때문이죠. 내 몸무게는 62킬로그램에 불과했어요. 왜소한 체격은 전혀 도움이 되지 않죠. 예전부터 이 책을 통해 독자들의 실력 향상을 지켜보는 게 즐거웠습니다. 실력 향상이야말로 골프라는 게임의 본질인 동시에 가장 즐거운 부분이잖아요. 그런 면에서 이제 막 골프를 시작했다면 무척 기뻐해야 한다고 생각합니다. 매일같이 성장할 기회가 있으니까요."

호건이 지닌 또 다른 능력은 PGA 투어 라커룸에서 언제나 그의 이름이 불린다는 사실이다. US오픈과 PGA 챔피언을 지낸 래리 넬슨은 21살에 골프에 입문했는데, 호건의 책을 통해 골프를 배웠다. 떠오르는 골프계 신성인 마크 오메라와 얼마 전 이야기를 나눈 적이 있는데, 호건의 스윙을 교본 삼아 연습했고, 아직도 그의 책을 참고한다고 했다. 수많은 동료와 마찬가지로 오메라 또한 호건을 영웅으로 꼽는다. 그렇다면 잭 니클라우스는 어떨까? 특유의 유연함과 강력한 하체로 정평 난 잭 니클라우스는 자신의 가파른 스윙을 차용하도록 수많은 일류 선수에게 영향을 미쳤다. 하지만 오늘날 정작 잭 니클라우스를 포함해 많은 프로 골퍼들이 클럽을 크게 빼는 호건식 동작으로 회귀하고 있다.

"대부분은 팔과 신체를 분리하여 움직이기 때문에 지나치게 가파른 스윙을 합니다. 저는 백스윙을 할 때 왼팔을 가슴 앞으로 빼고 다운스윙 때도 이 지점에서 큰 힘을 느낍니다. 이렇게 스윙을 하면 자세가 흐트러지거나 공이 잘못 맞을 수가 없죠. 중요한 개념은 왼팔로 클럽을 회전하는 것입니다. 서투른 골퍼들과 심지어는 일부 프로선수들까지도 오른팔로 클럽을 휘두르려고 합니다. 하지만 반드시 왼팔로 클럽을 회전해야 한다는 사실을 명심하십시오."

호건은 말했다. 어찌나 힘주어 이야기하던지 그 단호한 어조를 글로 옮길 수 없다는 게 아쉬울 따름이다.

호건은 지난한 시행착오를 거쳐 골프의 기본 원칙을 터득했다. 스포츠 역사상 가장 위대한 연습벌레라고 할 수 있다. 그는 연습이라는 행위를 존경할 만한 대상으로 격상했다. 오늘날 젊은 투어 선수들이 드라이빙 레인지에서 떼 지어 연습하는 모습을 보면 알게 모르게 호건의 영향을 받지 않았을까 하는 생각이 든다.

"저는 수천 개의 공을 치면서 스윙이 어떻게 나오는지 관찰합니다. 그리고 어떤 스윙이 시합의 중압감을 견딜 수 있을지 판단하죠. 하루도 연습을 거른 적이 없었고, 이렇게 스윙 분석을 즐겼습니다. 프로 초창기에 저는 훅 구질이 너무 심해서 상금이라고는 구경할 수가 없었습니다. 위크 그립을 잡아도 훅이 날 정도였으니까요. 공을 충분히 띄우지도 못했습니다. 하지만 결국에는 훅을 교정했고 공도 높게 띄우게 되었죠." 호건은 말했다.

호건이 샤프트 끝으로 손을 이동시켜 그립을 약하게 잡았다는 사실까지는 알았지만, 상세한 내막은 처음 듣는 이야기였다. 그렇다면 그는 과연 무엇을 깨달았을까? 묵직하고 긴 침묵이 한동안 이어졌다.

"분명 클럽 페이스와 관련 있다고 생각했어요. 2주간 집에 돌아와 온종일 연습했습니다. 첫 번째 실험을 거쳤더니 문제가 해결된 것이 보였어요. 하지만 처음에는 성공하는 경우가 많잖아요. 그래서 다음 날 또 확인하고 싶었어요. 다행히 다음 날에도, 그다음 날에도 계속해서 성공했어요. 이제는 중압감 속에서도 성공할 수 있는지 시험해보고 싶었습니다. 토너먼트 시합을 위한 골프와 일반 골프는 테니스와 아이스하키만큼 다른 영역이니까요. 저는 시카고에서 열린 조지 S. 메이 더블 토너먼트에 출전했고, 마침내 두 토너먼트를 모두 석권했어요. 제 연습이 옳았음을 스스로 증명한 셈이죠."

008

그렇다면 호건은 정확히 무엇을 증명했을까?

또다시 묵직한 정적이 흘렀다.

"클럽이 공과 멀어질 때 클럽 페이스를 열어버렸어요. 자연스럽게 왼손 손목이 구부러졌죠. 다운스윙의 속도가 너무 빨랐기 때문에, 클럽 페이스가 닫혀 훅나는 경우가 사라졌어요. 야구 방망이처럼 클럽을 휘둘렀기 때문에 클럽을 더 빠르게 휘두를수록 비거리가 늘었습니다. 연습을 거듭하다 보니 클럽 페이스를 최대한 빠르게, 최대한 많이 열 수 있게 되었어요. 이 기술 덕분에 공을 더 똑바로 멀리 칠 수 있게 되었습니다."

뛰어난 샷 메이킹 기술을 갖게 된 호건은 그때부터 더는 적수가 없었다. 그의 골프 클럽은 오직 스위트 스폿만 닿아 있었다.

"호건은 넘볼 수 없는 동경의 대상이었어요." 전성기 시절 브리티시 오픈에서 다섯 차례 우승한 호주 출신의 시니어 프로 피터 톰슨이 말했다. "마스터스 오픈에서 벤이 13번 홀과 14번 홀에 연달아 깃대를 맞췄던 기억이 나네요. 차원이 다른 골프에 깜짝 놀랐어요. 지금까지 그런 선수는 없었고, 앞으로도 없으리라 생각합니다."

1953년 톰슨은 호건에 이어 공동 2위에 올랐다. 당시 호건은 3개의 메이저 챔피언십에서 우승 트로피를 들어 올렸는데, 프로 골프 역사상 엄청난 업적이었다. 만약 제2차 세계대전과 자동차 사고가 없었다면, 그의 경력이 얼마나 더 빛났을지는 감히 상상하기도 어렵다. 결국 그는 네 개의 메이저 대회를 모두 석권했으며 메이저 통산 9승을 기록했다. 1951년 역사상 가장 어려웠던 US오픈으로 기억되는 오클랜드 힐스 코스에서 우승했다. 훗날 호건은 그 코스를 '괴물'이라고 표현했다. 호건은 평균 최저타수를 기록한 선수에게 주어지는 바든 트로피를 세 차례, 상금왕도 다섯 차례 수상했다. 올해의 PGA 선수에도 네 번이나 올랐다.

　윌리엄 벤저민 호건은 각고의 노력 끝에 탁월한 골프 스윙 지식을 지닌 정통 골프선수로 거듭났다. 이 책은 그의 고전과도 같다. 이번 개정판에서도 그 어떤 수정도 하지 않았고, 하지 않을 것이다. 일부 초창기 독자들이 외전(外轉) 작용이나 내전(內轉) 작용 같은 단어를 어려워했다고 내가 말해줬지만, 호건은 특유의 직설화법으로 답했다.

　"그 단어를 모른다면 찾아보면 되겠죠?"

〈골프 다이제스트〉 편집장 닉 사이츠,
1985년 5월 코네티컷주 노워크

CONTENTS

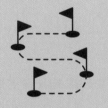

골프의 기본에 대하여
THE FUNDAMENTALS

25년 전, 나는 19살에 프로 골퍼가 되었다. 만약 오늘날의 '전자두뇌' 기계에 적당한 데이터만 넣어준다면, 간단한 연산을 거친 뒤, 내가 연습 페어웨이에서 샷을 얼마나 많이 연습했는지, 경기에 출전해서는 얼마나 샷을 많이 쳤는지, 또한 불필요한 쓰리 퍼트는 몇 번이나 했는지 등등 다양한 기록을 알려줄 것이다. 다른 프로선수들과 마찬가지로 나 역시도 잘 친 샷보다는 안 좋았던 샷을 더욱 선명하게 기억하는 경향이 있다. 내가 의도한 대로 정확하게 나아가는 샷은 라운드에 한두 번 정도지 그 이상은 별로 없었을 것이다.

하지만 모든 정신력과 신체 능력을 골프에 쏟아부은 덕분에, 나는 메이저 토너먼트의 결정적인 순간마다 엄청난 샷을 선보일 수 있었다. 그중 나는 물론 내 친구들도 유독 좋아하는 샷을 이야기해보고자 한다. 1950년 메리언에서 열린 US오픈에서 나는 공동 1위로 올라서기 위해 72번째 홀을 4타로 마무리해야 했다. 그리고 4타로 홀 아웃을 하려면 200야드가 남은 지점에서 벙커로 눌러싸인 완만한 경사의 그린에 교묘하게 안착해야 했다. 물론 골프에는 훨씬 쉬운 샷들도 있으니 걱정하지는 말자. 나는 2번 아이언을 들고 나섰고, 내 생각으로는 마지막 라운드 최고의 샷 하나를 만들어냈다. 어쩌면 토너먼트 동안 손에 꼽을 베스트 샷일지도 모른다. 공은 그린 중앙의 약간 좌측을 향해 일직선으로 뻗어 나가, 그대로 그린 앞 엣지를 맞고 홀컵에서 약 1미터 떨어진 지점에 안착했다. 이 이상의 샷이 나올 수 있을까? 퍼팅 두 개를 더해 4타로 홀을 마무리한 나는 우승자를 가리기 위한 플레이오프에 진출했고, 다행히 다음 날 최종 우승을 거머쥐었다.

이 사건을 다시 이야기하는 이유는 '영광스러운 그 순간'의 달콤함을 다시 추억하려는 의도가 아니다. 그보다는 관중이 이 샷을 바라보는 시각과 내가 이 샷을 비롯한 유사한 사건을 생각하는 관점이 상반된다고 느꼈기 때문이다. 중압감이 가득한 상황에서 나온 샷이기 때문일까? 사람들은 그 샷 자체를 미화하는 경향이 있다. 간절히 필요하던 순간에 나온 샷이었기 때문에 매우 특별할 뿐 아니라, 더 나아가 무엇에 영감을 받아 탄생한 샷이라 생각한다. 그러나 나는 절대 그렇게 생각하지 않는다. 메리언에서 그날 오후에 친 샷은 단순히 그날의 결과가 아니다. 12살 때부터 꾸준히 연습해온 샷이었던 것이다. 결국 토너먼트 시합의 핵심은 압박감이 클수록 더 좋은 샷이 나오도록 자신의 스윙을 컨트롤할 수 있느냐다.

여러 중요한 측면에서 토너먼트 골프 경기와 일반 골프는 아이스하키와 테니스만큼 성격이 전혀 다르다. 하지만 어떤 면에서는 매우 닮았다. 프로선수들은 명예와 행복, 수천 달러의 상금을 걸고 생계를 위해 투어 토너먼트에 출전하며, 일반 골퍼들은 명예와 행복, 1달러짜리 내기를 걸고 최고의 성적을 위해 주말 골프에 나선다. 하지만 이들은 공통으로 올바르고 강력하며 일관된 스윙을 만들 수 있는 움직임을 체득하기를 희망한다. 한 가지 단언할 수 있는 사실은 일관된 스윙 없이는 절대로 훌륭한 플레이를 할 수 없다는 점이다.

그렇다면 온갖 종류의 바람과 날씨, 각종 부담과 압박감 속에서도 믿을 수 있는 일관된 스윙은 어떻게 만들 수 있을까? 눈을 뜨고 있는 순간엔(심지어는 잠을 잘 때도) 언제나 이에 대한 해답을 찾기 위해 25년간 노력한 결과, 내가 깨우친 지식이 모든 골퍼에게 엄청난 도움이 되리라고 확신한다. 이 책을 집필한 이유이기도 하다. 이론에 대해 구구절절 이야기하고 싶지는 않다. 나는 수많은 시행착오를 통해 훌륭한 선수들이 하는 행동을 관찰했고, 나에게도 잘 맞을 듯한 동작들을 찾아냈다. 몸소 그 동작들을 실험하며 내게 약이 되는지 독이 되는지 판단했다. 도움이 된다면 그 동작을 채택하거나 가다듬었고 해가 될 때는 과감히 버렸다. 때로는 그 동작이 불안정하다는 사실을 시합을 통해 알게 되어 폐기하기도 했다. 기존에 알던 지식과 새로운 발견, 거기에서 파생되는 갖가지 동작을 무수히 실험한 결과, 일련의 기본 원칙에 도달할 수 있었다. 각종 압박감 속에서도 내 스윙을 지켜내고 유효한 결과를 만들어낸, 믿을 수 있는 기본기였다. 지금부터 전달할 정보들은 내가 12살에 처음 골프를 접하자마자 업으로 삼아야겠다고 생각한 순간부터 축적한 지식의 핵심들이다.

내 생각에 골프는 전혀 어렵지 않다. 주말골퍼도 효율적으로 연습하기만 한다면, 70대에 진입하지 못할 이유가 없다고 생각한다. 이때 그들이 보여주는 샷은 선수에 버금가는 샷일 것이다. 하지만 대부분 일반 골퍼는 '롱샷'을 제대로 할 수 없다고 생각하고, 올바른 풀스윙을 위한 체격 조건과 기술이 없다고 생각한다. 나는 그들이 스스로 과소평가한다고 생각한다. 우리는 모두 풀스윙과 완전한 샷을 수행하기 위한 신체 조건을 갖추고 있다. 풀스윙은 쇼트스윙을 확장한 그 이상도 이하도 아니다. 당연히 이 세상 모든 것과 마찬가지로 일정 수준 학습은 필요하지만, 올바른 움직임을 배우는 건 여러분의 우려보다 10배는 더 간단하다. 골프는 일단 올바른 궤도에 올라서고 나면, 정확한 동작을 하기가 잘못된 동작을 하기보다 훨씬 쉽다.

내가 때로 많은 것을 요구한다는 사실을 안다. 나에겐 쉬운 일들이 일부 독자

016

에게는 어려울 수도 있다. 하지만 많은 골퍼가 도무지 의도를 알 수 없는 비생산적인 연습에 땀과 에너지를 쏟는 것을 보면 너무 마음이 아프다. 그들은 십중팔구 골프를 처음 배웠을 때의 잘못을 여전히 답습한다. 이들이 골프를 너무나 사랑한다는 사실은 확실하다. 그렇지 않다면 어떻게 그렇게 꾸준히 연습을 지속하겠는가? 다만 그들을 계속 지켜보기란 정말 고역이다. 별다른 성과 없이 에너지를 낭비하면서 괴로워하는 모습을 보면 참으로 안타깝다. 만약 그들이 90대에 진입할 때까지 똑같은 연습을 반복한다면 골프 실력은 절대 늘지 않을 것이다. 좋지 못한 습관이 더욱더 몸에 깊게 배 오히려 실력이 나빠질 것이다. 나는 수많은 이들이 골프를 운동과 친목 도모 정도로 여기며 자위한다는 사실을 안다. 물론 그것만으로도 훌륭하다. 하지만 골퍼라면 모두 마음 한구석에 골프를 제법 잘 치고 싶다는 욕심이 있다. 그러려면 상당한 연습과 고민, 노력이 필요하다. 이처럼 체계적으로 골프를 익힌다면 실력은 늘고, 골프를 더 즐겁게 칠 수 있게 된다. 최고의 기쁨은 실력 향상을 통해 누릴 수 있다.

　레슨에 들어가기 전 구체적으로 무엇을 배우고, 무엇을 성취하고자 하는지 이야기해보자. 우선 이 책은 다섯 개의 레슨으로 구성되며, 장당 한두 개의 기본 원칙을 다룰 것이다. 이를 연습하여 이어지는 레슨을 흡수할 탄탄한 기본기를 점진적으로 마련하자. 이 책을 덮는 순간까지 매일 30분씩 할애하여 강좌의 핵심을 연습한다면 골프 실력이 일취월장하리라 확신한다. 실력 향상 정도는 각자 쏟아부은 노력의 질에 따라 달라진다. 스윙의 기본기를 꾸준히 적용하고 연습을 계속한다면 실력도 우상향하여 때론 꿈꾸던 목표를 훌쩍 넘기도 한다. 나는 일반 골퍼도 일관된 스윙을 만들고 80타의 벽을 충분히 깰 수 있다고 확신한다. 일관된 스윙을 방해하는 수많은 동작을 버리고, 올바른 움직임 몇 개만 익히면 충분하다. 물론 이 책에서 골프의 모든 영역을 다룰 수는 없다. 어쩌면 무궁무진한 주제 가운데 100분의 1도 못 다룰 수 있다. 따라서 우리가 이야기하고자 하는 것은 골프의 기본 원칙이다. 막연한 짐작이나 상상으로 이야기하는 것이 아니라 검증을 통한 기본기이다. 이야말로 진정 우리에게 필요한 전부가 아니 겠는가.

완전히 전통주의적 관점을 가진 친구들은 나의 골프 스윙 철학이 상당히 혁신적이라고 말한다. 어느 정도는 인정한다. 나는 이렇게 생각한다. 우리가 예전부터 스윙에서 가장 중요하다고 믿어온 많은 방법은 사실 전혀 중요하지 않다. 반면, 중요도가 떨어지거나 때로는 전혀 중요하지 않다고 생각한 일부 방법은 반대로 매우 중요하다. 사실 그것이야말로 진정한 현대 골프의 기본이라 할 수 있다. 또한, 나는 골퍼가 자신이 원하는 결과를 만들기 위해 취하는 동작의 정확한 본질과 느낌을 강조하는 교수법에 전적으로 찬성한다. 예를 들어 아이에게 문 여는 방법을 가르친다고 가정해보자. 직접 문을 연 뒤 아이에게 문 열린 모습에 대해 자세하게 설명하는 사람은 없을 것이다. 대신 아이가 스스로 문을 열 수 있도록 손잡이를 돌리는 방법을 가르치지 않겠는가? 마찬가지로 이 책에서도 원하는 결과를 얻기 위해 어떤 동작을 해야 하는지를 중점적으로 다룰 것이다.

특정 결과를 만드는 움직임, 이것이 바로 진정한 골프의 기본이다. 세계 최고의 선수들을 살펴보면 저마다 자신만의 개성과 버릇이 있다. 그러나 그 누구도 우리가 강조할 기본기를 지키지 않고 스윙하는 사람은 없다. 만약 그랬다면, 당연히 최고 선수의 반열에 오르지 못했을 것이다.

018

LESSON 1

THE GRIP

그립

좋은 골프는 올바른 그립에서 시작된다. 이 말이 신선하고 엄청난 발견처럼 새롭게 들리는가? 아마 아닐 것이다. 배터리라는 기본 야구용어가 투수와 포수를 지칭하는 말이라는 설명을 듣는 야구팬의 기분이 아닐까? 이렇듯 대부분 골퍼는 골프 스윙에서 그립을 가장 지루하고 재미없는 영역으로 생각한다. 어떤 매력도 찾지 못한다. 그들은 그립이 스윙에 결정적인 역할을 한다고 생각하지 않는다. 반면, 나를 비롯하여 진지하게 골프를 즐기는 이들은 뛰어난 선수들이 클럽을 쥐는 모습을 보며 일종의 아름다움마저 느낀다. 예를 들어 월터 하겐은 섬세하면서도 견고한 힘을 풍기는 훌륭한 그립을 지녔다. 오죽하면 하겐이 골프 클럽에 최적화된 맞춤형 손을 갖고 태어났다고 생각했을까? 젊은 선수 중에는 잭 버크가 상당히 멋진 그립을 자랑한다. 이처럼 프로 골퍼가 훌륭한 그립에 감탄하는 이유는, 그립이 '정물화'처럼 정적인 요소가 아니라, 살아 숨 쉬는 심장박동처럼 스윙이라는 움직임의 핵심요소라는 사실을 잘 알고 있기 때문이다.

골프 스윙에 필요한 힘은 몸통의 움직임을 통해 생성된다.
이 힘은 몸통에서 팔로, 그리고 손으로 전달된다.
물리학의 연쇄 동작처럼 전달을 거듭할 때마다 힘이 비약적으로 증대한다.

이론적으로도 그립은 매우 중요하다. 골퍼가 공에 접촉하려면 클럽 헤드를 거쳐야 하며, 이 클럽은 골퍼가 직접 손으로 힘을 가할 때만 움직인다. 골프 스윙에 필요한 힘은 몸통의 움직임을 통해 생성되는데, 이렇게 형성된 힘은 몸통에서 팔로, 손에서 클럽 헤드로 차례차례 전달된다. 그리고 물리학의 연쇄 동작처럼, 힘이 전달될 때마다 그 강도가 비약적으로 커진다. 아이들이 즐기는 꼬리잡기 놀이를 떠올리면 이해가 쉽다. 맨 앞사람이 움직이기 시작하면 꼬리에 자리한 마지막 사람(골프로 따지면 클럽 헤드에 해당한다)은 훨씬 빠른 속도로 뛰어다니지 않던가. 이러한 연쇄 동작은 올바른 그립에 따라 좌우된다. 그립에 문제가 있다면 백스윙 탑에서 클럽을 안정적으로 유지할 수 없고, 매번 클럽이 흔들리게 된다. 불안정한 그립을 지닌 골퍼는 절대로 몸통에서 만든 힘을 다운스윙을 통해 클럽에 온전히 전달할 수 없다. 클럽 헤드를 최대 속도로 뿌릴 수도 없다.

　골퍼들이 일반적으로 사용하는 그립법은 오버래핑 그립이다. 해리 바든이 영국과 미국에 대중화한 지 어느덧 반세기가 지난 방법이다. 하지만 지금까지도 오버래핑 그립만큼 효과적으로 신체와 클럽을 결속하는 그립법은 찾기 힘들다. 언젠가 더 좋은 방법이 나타나겠지만 그전까지는 오버래핑 그립을 고수해야 하는 이유다. 올바른 그립이 형성되었을 때 골퍼의 양손은 마치 한 몸처럼 움직인다. 그립이 어설프다면, 즉 약간의 오차라도 있다면 일체감을 느끼기 어렵다. 절대다수를 차지하는 오른손잡이 골퍼는 자연스럽게 왼손 힘이 훨씬 약할 수밖에 없다. 이들이 스윙 시작부터 오른손을 더 사용하거나, 스윙 중간에 오른손에 힘이 들어가 전체 스윙을 해친다면 양손의 일체감 있는 협응은 기대조차 할 수 없게 된다. 따라서 언제나 견고한 양손 그립을 유지하고 싶다면 완벽한 왼손 그립이 선행되어야 한다. 그 방법은 다음과 같다.

왼손등이 타깃을 향한 상태에서(클럽은 어드레스 때와 같은 위치에 둔다) 1) 손바닥 우측 하단의 도톰한 근육 아래에 그립을 단단히 붙이고, 2) 샤프트가 검지의 가장 안쪽 마디를 가로지르도록 놓는다. (아래 그림을 참고하자. 글만으로는 이해가 어려운 부분을 쉽게 확인할 수 있다.)

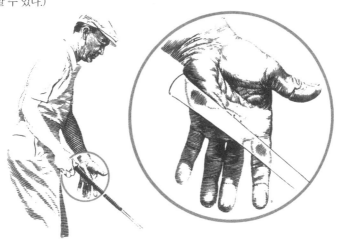

검지를 갈고리처럼 구부려 그립을 감싸 쥔다. 검지와 손바닥 안쪽 근육의 힘만으로도 클럽을 들어 올리고, 제법 견고한 그립을 유지할 수 있음을 확인할 수 있다. 엄지를 제외한 나머지 세 손가락을 오므려 클럽을 쥐고, 마지막으로 엄지손가락을 포갠다. 이로써 왼손 그립이 완성되었다.

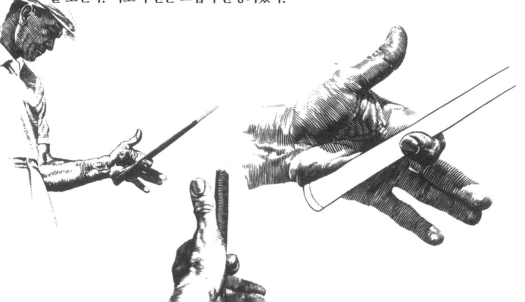

022

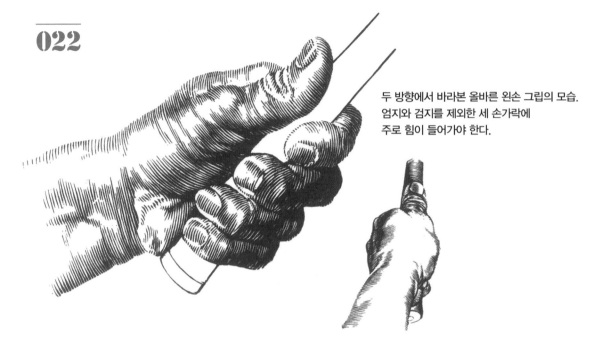

두 방향에서 바라본 올바른 왼손 그립의 모습.
엄지와 검지를 제외한 세 손가락에
주로 힘이 들어가야 한다.

올바른 그립을 숙지하기 위해 일주일 동안 매일 5~10분씩 연습하여 몸에 밸 수 있도록 한다.

완성된 왼손 그립을 보면 엄지와 검지 사이에 V자 모양이 생기는데, 이 모양은 오른쪽 눈을 향해야 한다. 또한 다섯 손가락으로 그립을 쥘 때는 처음 준비 동작에서 검지와 손바닥 안쪽 근육으로 채를 들 때와 비슷하거나, 그보다 가벼운 정도의 힘을 사용한다. 그립이 완성된 뒤에는 중지와 약지, 새끼손가락에 주로 힘을 주고, 검지와 손바닥 아래쪽은 보조 역할을 한다. 세 손가락으로 그립을 끌어 올리듯 움켜쥐고, 손바닥 아래쪽의 도톰한 부분으로 밀어 내리듯 움켜쥐면, 골프채가 그 사이에서 견고하게 고정된다. 손바닥 아래쪽의 근육으로 그립을 누르는 동작은 다음과 같은 역할을 한다. 첫째, 스윙 과정에서 왼팔을 튼튼하게 단련시킨다. 둘째, 백스윙 탑에 올라갔을 때 손아귀에서 클럽이 빠져나가는 것을 방지한다. 셋째, 임팩트 순간 견고하게 힘을 싣는다.

우리가 지금 다루는 왼손의 힘은 경직된 형태가 아닌 '살아 숨 쉬는' 힘이어야만 한다. 손에 생동감을 불어넣고 언제든지 움직일 수 있도록 하는 느낌이어야한다. 어떤 골퍼는 그립을 쥐어짜듯 너무 거칠게 움켜쥐곤 한다. 하지만 이처럼 과한 힘을 쓰면 안 된다. 명백하게 해가 되는 행동이다. 그립을 너무 강하게 쥘경우 자연히 힘줄이 팽팽하게 조여 왼팔이 뻣뻣해진다. 그 결과 스윙 과정에서근육의 움직임에 섬세하게 반응할 수 없게 된다. 또한 지나치게 그립을 세게 쥐면 손목을 움직일 수 없게 된다. 하지만 우리에게 필요한 것은 안정적이면서 살아 있고, 편안한 그립이 아닌가? 이러한 그립이 갖춰지면 묵직한 클럽 헤드가뒤로 향하는 순간 손가락이 본능적으로 그립을 견고하게 움켜쥐게 된다.

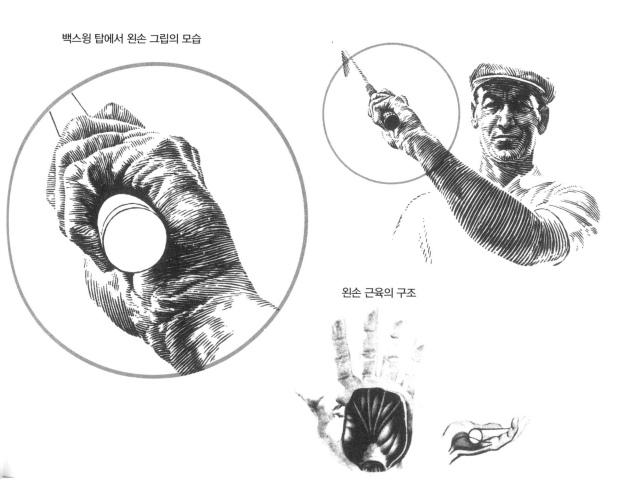

백스윙 탑에서 왼손 그립의 모습

왼손 근육의 구조

024

완성된 그립의 모습을 통해
올바른 오른손 위치를 확인하자.

오른손 그립은 오버래핑 그립에서 감싸 쥐는 역할을 하는 손이기 때문에 그립법이 조금 더 까다롭다. 견고하고 올바른 왼손 그립을 만드는 것이 일체감 있는 그립 형성의 절반이라면, 나머지 절반은 오른손을 올바른 위치에 배치함으로써 정확히 왼손과 동등한 힘만 쓸 수 있도록 하는 것이다. 즉, 상대적으로 힘이 센 오른손의 엄지와 검지가 무의식적으로 그립을 지배하는 경향을 억제하는 것이다. 만일 엄지와 검지의 힘이 과해진다면 스윙은 망가지게 된다. 갈고리의 역할을 하는 엄지와 검지는 일상에서는 문을 열거나 커피잔을 들어 올리는 등 수많은 작업을 훌륭히 수행하지만, 올바른 그립과 올바른 스윙을 형성하는 데는 전혀 도움이 되지 않는다. 이유는 다음과 같다. 오른손 검지와 엄지의 근육은 오른 팔과 팔꿈치, 어깨 바깥쪽을 따라 이어지는 강력한 근육들과 연결되는데, 만약 엄지와 검지에 어느 정도 힘이 들어가면 자동으로 이 근육들이 활성화된다. 하지만 이 근육들은 올바른 골프 스윙에 도움이 되지 않는 근육들이다. 이 근육을 사용할 경우 양손이 협응하는 스윙을 만들 수 없으며, 오른팔과 오른 어깨에만 힘이 들어가 백스윙과 다운스윙이 모두 흔들리게 된다.

올바른 오른손 그립법을 살펴보자. 손바닥이 타깃 방향을 향한 상태에서 손을 곧게 편다. 이때 왼손은 이미 그립에 단단히 고정된 상태여야 한다. 샤프트를 엄지를 제외한 네 손가락의 가장 안쪽 마디에 놓는다.

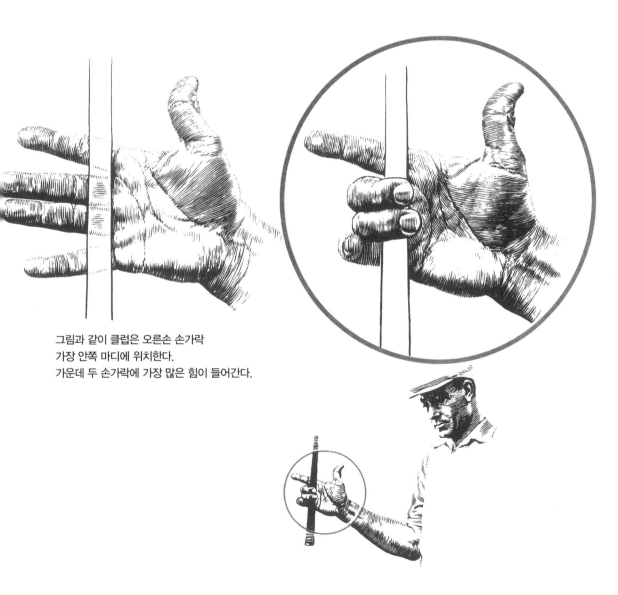

그림과 같이 클럽은 오른손 손가락
가장 안쪽 마디에 위치한다.
가운데 두 손가락에 가장 많은 힘이 들어간다.

026

오른손 그립을 쥘 때는
손바닥이 아닌 손가락으로 쥔다.
올바른 왼손 그립(손바닥과
손가락으로 쥔다)에서
만들어진 V자 모양은
오른쪽 눈을 가리킨다.

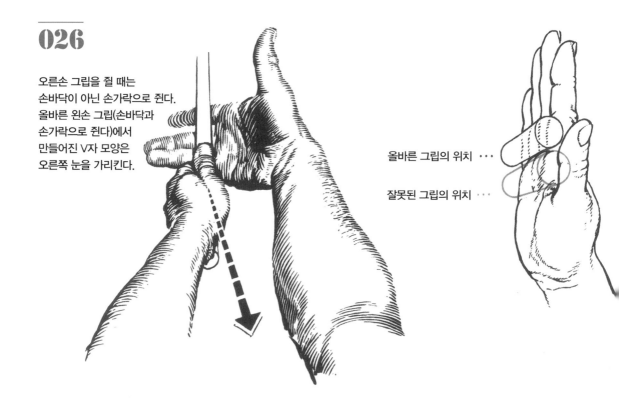

올바른 그립의 위치 ···

잘못된 그립의 위치 ···

오른손 그립을 쥘 때는 손가락으로만 클럽을 잡는다. 가장 많은 힘이 들어가는 손가락은 가운데 두 손가락인 세 번째와 네 번째 손가락이다. 앞서 언급한 바와 같이 검지에 지나친 힘이 들어가지 않도록 주의한다. 오른손 새끼손가락은 왼손 검지 위를 타고 올라와 왼손 검지와 중지 사이의 홈에 단단히 결속한다. **오른손 손가락으로 견고하게 클럽을 쥔 상태에서 가볍게 왼손 엄지를 덮는다.** 오른손으로 왼손 엄지를 덮은 뒤, 오른손 엄지는 부드럽게 샤프트 왼쪽 측면을 타고 내려온다.

오른손 그립에서 가장 유의할 사항이 있다면 클럽을 쥘 때 손바닥이 아닌 손가락으로 쥐어야 한다는 사실이다. 공에 백스핀을 주거나 깎아 쳐서 띄우는 등 다양한 기술을 시도하려면 공을 날카롭고 예리하게 쳐야 하는데, 이 동작들은 손가락으로 그립을 쥐지 않는 이상 도무지 불가능하다. 아울러 올바른 오른손 그립은 클럽헤드에 최대한의 속도를 전달할 수 있게 만든다. 모든 골퍼의 목표인 헤드 스피드 제어는 손바닥이 아닌 손가락으로 이뤄낼 수 있다.

오른손 새끼손가락에 대해 한마디 덧붙이고자 한다. 지금까지는 오른손 새끼손가락을 왼손 검지 위에 포개어 올리는 것이 관습처럼 여겨졌다. 그러나 나는 새끼손가락을 왼손 검지와 중지 사이에 끼우라고 강력히 주장한다. 양손이 서로 미끄러져 떨어지는 것을 방지할 뿐만 아니라 양손이 단단히 결속되었다는 느낌을 준다.

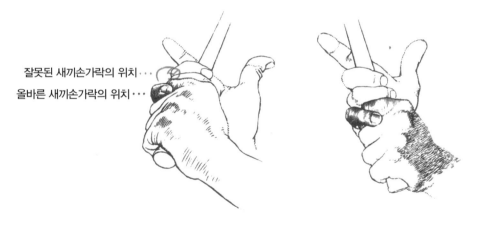

잘못된 새끼손가락의 위치 · · ·
올바른 새끼손가락의 위치 · · ·

이번엔 오른손 엄지에 대해 더 알아보자. 오른손 그립에서 올바른 부위에 힘이 제대로 들어가게 하려면(이렇게 했을 때 엄지와 검지 끝에 집게처럼 힘이 들어가는 것도 막을 수 있다) 다음과 같은 습관을 길러보길 바란다. 그립을 쥘 때 엄지와 검지의 안쪽 부분(두 손가락 사이 V자 모양이 만들어지는 부분)을 마치 샴쌍둥이처럼 견고하게 붙인다. 그립을 시작할 때부터 두 손가락 안쪽을 단단히 붙이고, 오른손으로 왼손 검지를 덮을 때도 이 압력을 유지한다. 타겟 방향으로 누르며 압력을 가하는 느낌을 갖는 게 중요하다. 이때 이 너클이 샤프트 원통의 맨 위로 올라오는 느낌으로 얹으면 좋다.

028

이로써 손가락으로 클럽을 쥐고 있다는 느낌이 더욱 선명해질 것이다. 또한 오른 손바닥으로 왼손 엄지를 덮으면 왼손 엄지는 오른 손바닥 안쪽의 움푹 패인 부분에 꼭 들어맞을 것이다. 마치 그림 맞추기 퍼즐 같다고나 할까.

이처럼 왼손 검지와 오른 손바닥 엄지 아래의 두툼한 근육이 결합함으로써 두 손의 결속력이 강해지고 그립은 단단해진다. 특히 백스윙 탑에서는 그립이 빈약할수록 그립 자체가 망가지기 쉬운데 이럴 때 특히 유효하다. 완성된 오른 손 그립에서 엄지와 검지 사이에 형성된 V자 모양은 턱을 가리킨다.

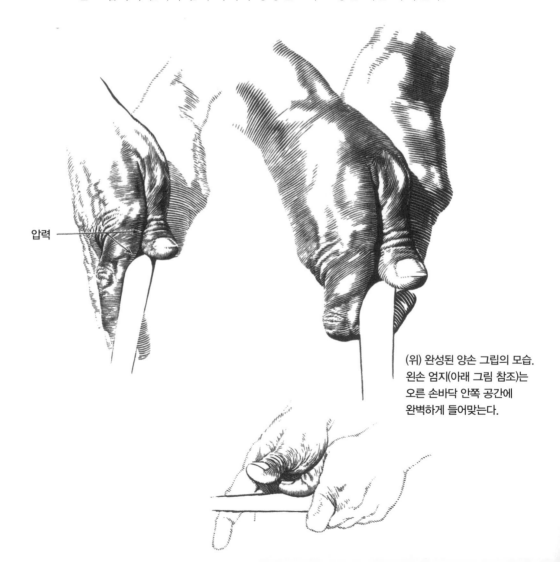

압력

(위) 완성된 양손 그립의 모습.
왼손 엄지(아래 그림 참조)는
오른 손바닥 안쪽 공간에
완벽하게 들어맞는다.

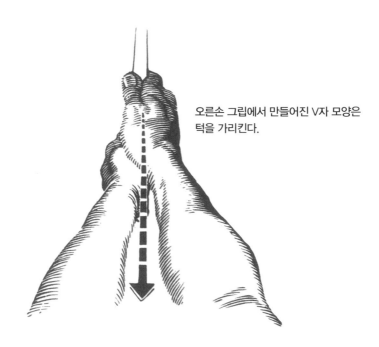

오른손 그립에서 만들어진 V자 모양은 턱을 가리킨다.

마지막으로, 자칫하면 스윙을 망칠 수 있는 오른손 엄지와 검지에 대해 말해보자. 숙련된 골퍼의 경우 엄지와 검지의 끝을 정교하게 활용하여 기교를 부리지만, 공을 때리는 터치 순간에만 손가락 끝을 사용하는 방법을 배우려면 상당한 훈련이 필요하다. 여러분도 점점 더 실력이 향상된다면 익힐 수 있을 것이다. 하지만 잘못된 습관을 버리고 올바른 습관을 새롭게 들이는 것이 최대의 숙제인 지금 시점에는, 일반 골퍼라면 이러한 기교 따위는 전혀 고려하지 않아도 된다. 오른손의 올바른 사용법을 익히는 데 오히려 독이 될 뿐이다. 같은 맥락에서 상당히 유익한 연습을 소개하자면, 일주일간 매일 5분씩 오른손 엄지와 검지를 샤프트에서 완벽히 떨어뜨린 채 그립을 쥐고 스윙을 하는 것이다. 이렇게 하면 일체화된 손으로 클럽을 쥐고 있다는 감각을 얻게 된다. 이야말로 우리가 원하는 모습이 아닌가. 그립을 쥔 뒤에는 엄지와 검지 끝은 클럽에 전혀 닿지 않는다는 느낌이 들어야 하고, 앞서 언급한 바와 같이 손등 검지의 관절이 엄지를 누르며 타깃 방향을 향한다는 감각이 느껴져야 한다.

혹자는 올바른 그립의 원리를 설명하기 위해 지나치게 자세한 내용을 다뤘다고 할지도 모른다. 하지만 절대 그렇지 않다. 많은 이들이 골프를 배울 때 총론과 각론을 혼동한다. 예를 들어, 손가락을 덮는 동작이 세부 동작이라고 생각한 나머지, 실제로 그 동작을 어떻게 해야 하는지 신경 쓰지 않는다. 또는 지극히 피상적일 수 있는 '결과'와 그 결과를 만들어낸 본질인 '동작'을 구분하지 못한다. 예컨대, 많은 골퍼가 양손에서 만들어진 V자 모양이 각각 올바른 방향을 가리킨다면 그립이 제대로 만들어졌다고 생각한다. 하지만 이는 맞을 수도 틀릴 수도 있다. V자 모양은 단지 체크 포인트에 불과할 뿐 올바른 그립을 보증하지는 않는다.

골프에서는 한 치의 오차도 없이 정확하게 만들어야 하는 특정 동작이 있다. 대략 맞으면 된다는 생각은 충분하지 않다. 그립도 이런 동작 가운데 하나로, 반만 정확한 그립은 전혀 쓸모가 없다. 반면, 올바른 습관을 익히기 시작하면 정확한 그립은 저절로 나온다. 언제든 쉽게 만들 수 있다. 아울러 공들여 그립법을 익히고 나면 그 값어치는 수천 배에 달할 것이다. 올바른 그립을 완벽히 숙지하고 이에 더해 스탠스와 자세도 역시 올바르다면, 양손이 스윙 과정에서 무엇을, 어떻게 해야 하는가는 새까맣게 잊어도 좋다. 그러한 것들은 양손이 자연스럽게 만들어주기 마련이다. 올바른 그립이 팔과 신체 근육의 올바른 움직임을 이끌어내기 때문이다.

오른손 엄지와 검지를 뗀 채로 클럽을 쥐는 동작을 연습하면,
양손이 일체감 있게 움직이면서 강력하고
정확한 그립을 형성하고 있다는 느낌을 익힐 수 있다.

위 내용을 뒷받침할 내 경험담을 소개한다. 사실 나만큼 온갖 그립을 시험해본 사람도 드물 것이다. 나는 왼손잡이로 태어났다. 따라서 모든 것을 왼손으로 해야 자연스러웠다. 소년이 되자 왼손에서 오른손잡이로 손을 바꾸었으나, 골프는 왼손으로 시작했다. 당시 처음 손에 넣었던 오래된 5번 아이언이 왼손잡이용이었기 때문이다. 내가 더는 왼손으로 골프를 치지 않게 된 이유는 동네 상권의 영향이 컸다. 내 고향인 포트워스의 꼬마들은 당시 싸구려 잡화점에서 한 자루에 1달러씩 하는 골프 클럽을 구매해 사용했는데, 그곳에서는 왼손잡이용 클럽을 취급하지 않았다. 오른손으로 골프를 치기 시작한 초반에는 왼손으로 골프를 쳤을 때의 영향 때문인지 크로스 핸드 그립을 잡았다. 그 이후 인터록킹 그립을 실험해봤고, 한참 뒤인 약 15살 무렵 마침내 오버래핑 그립에 정착했다. 이 무렵 글렌 가든 클럽의 골프숍에서 일하던 나는 프로선수였던 테드 롱워스의 그립을 따라 했다. 모든 그립 가운데 오버래핑 그립이 최고라는 사실을 단숨에 깨달았고, 이 생각이 확신에 이르자 단시간에 그립을 체득하게 되었다.

나는 처음 오버래핑 그립을 채택한 이래 지금까지, 사소하지만 두 가지 사항을 수정했다. 우선, 군복무를 마친 직후, 왼손 엄지를 샤프트를 따라 곧게 펴는 이른바 '롱 섬' 방식에서 엄지를 약 1센티미터 정도 위로 당기는 '숏 섬' 방식으로 변경했다. '롱 섬' 방식으로 그립을 쥘 경우, 백스윙 탑에서 클럽이 너무 멀리 떨어졌기 때문에 스윙 타이밍을 정확히 잡아내기 어려웠기 때문이다. 두 번째 수정은 1946년으로, 이때는 그립의 왼손을 약 1센티미터 정도 왼쪽으로 돌렸다. 당시 나는 고질적인 문제인 훅 구질을 방지하기 위해 힘을 제어할 방법을 찾고 있었다. 그리고 왼손을 돌려 엄지가 샤프트 중앙에 위치하게 하는 것이 이 문제를 해결할 첫 단추였다. 지금껏 언급한 두 가지 조정사항은 개인 문제에서 비롯한 수정사항이다. 즉, 내가 상당한 도움을 받았던 방법이기 때문에, 나와 스윙 패턴이 비슷하거나 공을 맞추는 동작이 비슷한 사람에게 강력하게 추천하고 싶다. 한 가지 분명한 사실은 이것들은 어디까지나 수정사항일 뿐 절대 기본 원칙은 아니다. 별다른 수정이 필요 없는 사람이야말로 진정 행복한 골퍼가 아닐까!

골프 그립은 손과 손가락의 감각이 예민하게 살아 있을 때 최고의 기능을 발휘한다. 하지만 감각이 살아 있는 날도 있지만 그렇지 않은 날도 있기 마련이다. 재미있는 사실은 진저 에일을 마시면 신장에 영향을 주어, 손이 둔하고 부은 듯한 느낌을 방지할 수 있다는 것이다. 한편, 차가운 날씨도 당연히 손의 감각에 영향을 미친다. 나는 카누스티에서 경기를 할 때 항상 손을 따뜻하게 유지하기 위해 양주머니에 손난로를 넣고 다녔다. 담배 라이터와 비슷한 원리로 작동하는 빅토리아 시대풍 기기였다. 두꺼운 헝겊에 쌓인 금속 용기 안에는 기름이 차 있었고, 심지에 불을 붙이면 약 8시간 동안 연소했다. 손난로는 부수적으로 주머니 안에 든 골프공도 따뜻하게 데웠다. 따뜻한 볼이 차가운 볼보다 높이 뜬다는 사실은 이미 알 것이다.

다음 장에서는 스탠스와 자세의 기본기에 대해 현대 골프의 관점에서 살펴볼 것이다. 하지만 너무 서두를 필요는 없다. 최소한 일주일 동안은 매일 30분씩 그립 연습을 선행하도록 하자. 다음 장에서 이어질 기본기 강좌가 두 배는 쉽고, 두 배는 가치 있게 느껴질 것이다. 거듭 강조하지만 골프 스윙을 배우려면 체계적으로 연습하는 것이 중요하며, 이만큼 보람 있는 일도 없다고 자부한다. 일반 골퍼 여러분은 결국 여러 스윙의 요소를 종합하는 방법을 깨우치게 될 것이다. 일관된 스윙을 완성하고 프로선수와 동일한 구질의 샷을 구현하게 될 것이다. 그들과 동일하게 연습하기 때문이다. 프로 수준의 비거리나 정확성에는 미칠 수 없으나, 충분히 멀리 치고 충분히 똑바로 칠 수 있게 될 것이다. 정확하면서도 개성이 담긴 샷을 갖게 될 것이다. 대부분은 경험하지 못한 세계이지만, 일반인도 충분히 이뤄낼 수 있다. 내가 확실히 보증한다.

034

그립이 잘못될 경우
백스윙 탑에서 클럽을
제대로 제어하기 어려워진다.

그립이 올바를 경우 백스윙 탑에서
클럽을 완벽히 통제할 수 있다.

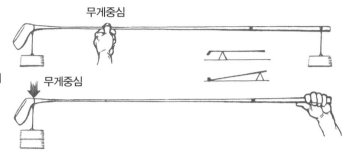

무게중심

받침점(손)이
샤프트 끝에 있을 때는
무게중심이 이동하여
클럽헤드가 훨씬 무겁게
느껴진다.

무게중심

일반 골퍼가 골프공을 정확히 타격하는 올바른 방법을 익히면 실력은 향상되기 시작하고, 동시에 자신의 발전도 스스로 느끼게 된다. 차츰차츰 자신이 정교한 풀 샷에서부터 다양한 높낮이의 샷, 드로우와 페이드 구질의 샷, 벙커 샷, 트러블 샷, 하프 샷 등 **모든 종류의 샷을 스윙을 바꾸지 않고도 구현할 수 있다는 사실**을 깨닫게 된다. 즉, 이처럼 다채로운 샷을 제어할 수 있다는 자신감은 스윙 그 자체에서 나온다.

골퍼들은 실력이 향상됨에 따라 골프에 더욱 빠져들게 된다. 올바른 스윙을 통해 골프의 매력을 재발견하기 때문이다. 어쩌면 비로소 처음으로 골프의 진가를 발견한 것일 수도 있다. 골프에 필요한 장비는 물론 전문 지식까지도 완전히 갖추게 되고, 골프라는 게임이 완전히 새롭게 보이기 시작한다. 예를 들어, 워터 해저드를 넘기려면 최소 캐리로 170야드를 쳐야 하는 상황에서 티 박스에 올랐을 때, 남들처럼 정신없이 공을 치곤 어떻게든 해저드를 넘어가길 기도해야지 하는 식의 태도는 취하지 않는다. 대신에, 언제든 200야드는 넘길 수 있다는 믿음이 생기고, 더 나아가 그 이상의 생각도 하게 된다. 자신의 평균 비거리를 고려했을 때, 세컨드 샷을 하기 위한 최적의 위치는 어딘지, 그리고 그곳에 공을 떨어뜨리려면 워터 해저드를 얼마나 넘겨야 하는지 고민하게 된다. 까다로운 코스 공략은 더는 불안하지 않고 재미있는 일이 된다. 왜 페어웨이 좌측 가장자리를 따라 나무가 심어 있는지, 왜 벙커의 가장자리가 그린 입구까지 뻗어 있는지, 왜 페어웨이가 점점 더 좁아지는지 이해하게 된다. 따라서 코스 관리자들이 나무를 베거나 벙커를 메우고 러프 지역을 좁히거나 줄인다고 할 때 반대하게 될 것이다. 심지어 러프를 평탄화한다는 계획에도 반대하고 나설 것이다.

이제 여러분은 진정한 골프의 정신을 깨우치게 될 것이다. 첫 샷에서 실수를 범하여 다음 샷이 어려워진다고 해도, 실수를 만회하기 위해 어려운 샷을 해내야 하는 그 상황에 기꺼이 응할 것이다. 만약 그린이 매우 좁다면 평소보다 훨씬 정교하게 샷을 쳐야 하고, 그렇지 못했을 때는 그 대가를 치러야 하는 도전적인 상황에도 기꺼이 응할 것이다. 이러한 마음가짐에는, 자신이 근본적으로 정확하고 일관된 스윙을 지녔기에 집중만 한다면 본인이 원하는 샷을 할 수 있다는 믿음이 깔려 있다. 물론 우리는 인간이기에 실수도 한다. 하지만 우리는 진정한 골퍼로 거듭날 것이고, 골프의 즐거움에 점점 더 빠져들게 될 것이다.

스탠스와 자세

골프의 가장 큰 매력 가운데 하나는 골프를 시작하면서 느끼는 다양하고 본능적인 감정이다. 예를 들어 우리는 모든 현상에는 원인이 있다고 생각하게 된다. 공을 잘 치는 방법, 그리고 항상 잘 치는 비법이 언뜻 보기에는 불가능하지만 사실은 전혀 신비로운 일이 아니라고도 생각한다. 또한, 추리소설의 마지막 장에서 탐정이 모든 수수께끼의 실마리를 반박 못할 수준으로 풀어내듯, 일련의 명쾌한 해답을 얻을 수도 있겠다고 생각한다.

우리는 모두 탐정과 같이 각자 해답을 찾기 위한 길에 올랐다. 여기서 단서를 찾아 그 단서가 유효한지 실험해보고, 저기서 찾은 실마리는 과연 효과적인지 실험한다. 이렇게 탐색과 실험의 과정을 반복한다. 절대 간단한 일은 아니다. 오늘의 눈부신 추리도 심도 있는 조사를 거치고 나면, 내일은 무용지물이 되기 일쑤다. 하지만 별다른 의식도 없이 잘못된 길로 들어서거나, 결정적인 분기점마다 잘못된 방향으로 들어서는 실수를 거듭하고, 자신도 모르는 사이에 스스로 만든 미궁에 빠지는 상황이 이보다 더 심각하다.

그런데도 진정 골프가 신비로운 단 하나의 이유는 우리를 끌어당기는 근본

자력 때문이 아닐까 한다. 추리소설 속 탐정이 수많은 낙담 속에서도 트렌치코트와 돋보기를 반납하지 않고 해답을 찾기 위한 여정을 끝까지 포기하지 않는 것처럼!

또한 골프는 우리 안에 내재한 과학자 기질도 끌어낸다. 질서정연한 방법으로 스윙을 관찰하고 실험하지 않으면 문제가 복잡해진다는 사실을 직감한다. 이런 측면에서 연습 나갈 때 노트와 펜을 챙겨 가는 습관은 나에게 상당한 도움이 되었다. 연습 세션이 끝날 때마다 내가 무엇을 연습하는지, 그 결과가 어떻게 나왔는지, 다음 연습 때는 정확히 어디서부터 시작해야 하는지를 적었다. 아마 앞으로도 평생 골프를 연구하겠지만, 솔직히 말해 이제야 비로소 모든 골퍼에게 금쪽같은 도움이 될 만한 깊은 이해도가 쌓였다고 생각한다. 내가 지금 알고 있는 것들을 처음 골프를 시작한 젊은 나이에 알았더라면 얼마나 좋았을까!

1장에서 강조한 바와 같이 정확하고 강력하며 일관된 스윙 없이는 절대로 골프를 잘 칠 수 없다. 그리고 보통의 체격 조건을 가진 남녀라면 누구나 영리한 연습을 통해 그러한 스윙을 만들 수 있다. 몇 가지 기본기만 학습하고 연습한다면 올바른 스윙은 걷기처럼 본능적인 동작이 될 수 있다. 여러분에게 전달할 스윙의 개념은 본질적인 요소만을 추려낸 것이기에 우려하는 만큼 공부할 내용이 많지 않다. 그 가운데 '기술적'인 부분이라고는 이를 풀어내는 방법밖에 없다. 모든 동작의 이면에는 명확한 목적이 있다는 사실을 기억하자.

이처럼 포괄적인 골프의 기본기 가운데 첫 번째는 단연 그립이다. 앞서 살펴본 바 있다. 두 번째 기본은 스탠스와 자세다. 많은 사람이 스탠스를 단순히 타깃 방향을 향해 정렬하는 스윙의 사전 동작 정도로 치부하는 심각한 오류를 범한다. 샷의 방향 설정이 스탠스의 목적 가운데 하나임은 확실하다. 하지만 스탠스에는 훨씬 더 중요한 다른 기능이 있다. 스윙을 잘하려면 힘과 조절 능력이 적절히 결합되어야 하는데 스탠스는 이를 위한 준비 단계와 같다. 우리는 스탠스

적정한 스탠스와 자세를 통해,
스윙 전 과정에서 완벽한 준비 태세와
균형 잡힌 스윙이 가능해진다.
그런 스탠스와 자세가 갖춰질 때에만
팔, 다리, 몸통이 조화롭게 서로 협응해
주어진 임무를 올바르게 수행하기 때문이다.

를 통해서 1) 스윙 과정에서 균형을 유지할 수 있고, 2) 근육이 부드럽게 움직일 수 있도록 준비하며, 3) 스윙에 쏟는 모든 에너지가 최대의 힘과 통제력을 가질 수 있도록 응집한다.

훌륭한 선수들의 스탠스를 살펴보면 그들이 발과 무릎, 어깨의 개별 움직임을 최소화한다는 사실을 발견할 수 있다. 누군가는 이러한 모습이 긴장에 따른 빈 몸짓이라고 오해하는데, 잘못된 생각이다. 정적이고 고정된 자세를 만들기 위한 사전 단계도 아니다. 사실 그 행동은 스윙에 필요한 모든 요소가 균형을 이뤘는지, 본격적인 스윙 동작에 들어갈 준비가 되었는지를 몸소 느끼는 것이다.

우리는 샷을 준비하기 위해 공 앞에 서면 가장 먼저 클럽 페이스를 타깃 방향에 정렬한다. 물론 그 전에 그립을 쥐고 있어야 하며, 캐디백에서 클럽을 꺼낸 순간부터 클럽의 무게감을 느끼고 있어야 한다. 이렇게 클럽 페이스가 타깃 방향에 맞춰지면 뒤이어 본격적으로 공을 치기 위한 자세를 잡는다. 발과 다리, 몸과 팔, 손의 위치를 잡는 것이다. 이 동작들은 동시에 이뤄지며 상호 유기적으로 형성된다. 자세한 설명을 위해 각각의 동작을 분리하여 살펴보자. 먼저 발의 움직임이다.

우선 양발은 얼마나 벌려야 할까? 거의 모든 체격의 사람들에게 적용되는 가장 기본적인 원칙은 다음과 같다. **일반적인 5번 아이언 샷을 기준으로 양발은 어깨 넓이만큼 벌린다. 5번 아이언보다 로프트 각도가 높은 클럽이라면 양발의 간격을 좁히고, 롱 아이언이나 우드를 잡았다면 어깨 넓이보다 간격을 넓힌다.** 양발의 간격을 지나치게 넓히면 안 좋은 결과를 자초하고 만다. 유연함을 유지해야 할 관절이 뻣뻣하게 굳기 때문이다. 하지만 대부분 골퍼는 양발 간격을 너무 좁게 만드는 경향이 있다. 나는 적당히 양발을 벌리는 편이 훨씬 낫다고 주장한다. 마찰력을 높이고 균형을 유지할 수 있는 견고한 지지기반이 될 뿐 아니라 스탠스를 좁게 섰을 때보다 어깨가 펴지고 자유롭게 움직이기 때문이다.

일반적인 5번 아이언 샷을 기준으로
양발은 어깨 넓이만큼 벌린다.

알다시피 일부 투어 선수들은 양쪽 발끝을 밖으로 열고 스탠스를 취한다. 개인
적으로는 그들이 발을 그렇게 놓고도 훌륭한 성과를 만드는 것을 상당히 의아
하게 생각해왔다. 골프에 입문한 초창기부터 올바른 기본 스탠스는 단 하나밖에
없다고 생각했기 때문이다. 그것은 오른발을 비구선(공과 목표점을 잇는 가상의 직선-옮
긴이)과 직각으로 놓고, 왼발은 4분의 1만큼 왼쪽으로 돌리는 것이다.

042

오른발 위치가 잘못되면 여러 심각한 문제를 초래한다. 예를 들어 오른 다리가 오른쪽 바깥으로 빠지는 스웨이 현상이 나타나거나 왼쪽 무릎이 구부러질 수 있고, 지나친 골반 회전이 나타날 수 있다. 또한 왼팔이 구부러지면서 잘못된 어깨 회전이 만들어지기도 한다.

4분의 1만큼 돌린다는 표현이 다소 난해할 수도 있다. 쉽게 풀어 설명해보겠다. 만약 우리가 왼발 엄지를 타깃 방향을 향하게 돌리면, 왼발은 비구선과 직각을 이루던 위치에서 좌측으로 90도 돌아간다. 따라서 4분의 1만큼 돌린다는 말은, 90도의 4분의 1인 약 22도만큼 왼발을 수직에서 왼쪽으로 열어준다는 뜻이다.

이러한 스탠스를 취할 경우 우리 몸은 클럽이 다운스윙에서 내려와 공을 치고 왼발 방향으로 나아가기에 훨씬 유리한 위치에 놓인다. 우리는 사실 훌륭한

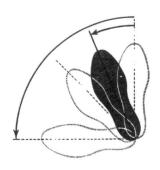

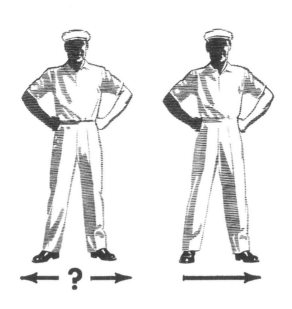

선수의 스탠스만 봐도 그가 어느 방향을 겨냥하고 샷을 칠지 알 수 있다. 심지어 프로선수들은 대부분 어드레스 자세에서 타깃 방향으로 몸을 살짝 기울이기도 한다. 반면 양발을 모두 열고 스탠스를 취할 경우, 사람들은 '이 친구는 대체 왼손으로 치는 거야, 오른손으로 치는 거야?'라고 생각한다. 스탠스만으로는 어떤 방향으로 공을 치는지 전혀 알 도리가 없다.

기본 스탠스를 성실히 따를 경우 여러 값진 결과를 얻을 수 있는데, 레슨이 심화될수록 그 진가를 발휘할 것이다. **첫째, 올바른 스탠스는 우리가 백스윙에 들어갈 때, 스윙을 이끄는 근육을 감지하고 통제하는 일을 훨씬 수월하게 해준다. 둘째, 스탠스를 올바로 취할 경우 백스윙에서 만들 수 있는(그리고 필요한) 골반의 회전량을 자연스럽게 제어하게 된다.** 즉, 올바른 스탠스는 골반이 적정선 안에서 최대한 회전하되, 지나치게 돌아가지는 않도록 돕는다. 반면, 정석적인 방법으로 왼발을 열지 않고 왼발을 닫은(비구선과 직각) 상태에서 스탠스를 취하면, 골반 회전이 비교적 오른쪽 뒤에서 시작되기 때문에 골반의 회전량이 적정 수준을 초과하게 된다. 똑같은 이치로 오른발을 닫지 않고 열어놓은 채 스탠스를 취하면 골반은 필요 이상으로 돌아가게 된다.

골반 회전을 연습할 때 유용하게 활용할 수 있는 체크 포인트를 소개한다. 기본 스탠스를 정확하게 갖춘 상태에서 골반을 끝까지 회전했을 때, 벨트 버클은 닫힌 오른쪽 엄지발가락을 바라봐야 한다. 앞에서 다룬 바와 같이 잘못된 스탠스에서 골반을 회전하면, 허리가 과하게 돌아가 버클이 체크 포인트를 넘어 거의 타깃 맞은편을 향하게 된다.

셋째, 스탠스는 다운스윙에도 상당한 영향을 미친다. 예를 들어 오른발을 연 상태에서 다운스윙을 하면, 클럽을 빠르고 부드럽게 끌고 내려와 볼을 타격하고 뿌려내기가 확연히 어려워진다. 클럽의 궤도를 스스로 가로막기 때문이다. 이 스탠스에서 클럽이 빠져나가려면 엉덩이 오른쪽으로 돌아 나가는 수밖에 없다. 또한, 꼭 필요한 과정인데도 왼발을 4분의 1만큼 열지 않고 닫은 채 스탠스를 취할 경우 또 다른 형태로 스윙에 악영향을 미친다. 나 역시 왼발을 닫은 채 공을 치면 왼쪽 다리와 몸통 전체가 불편하게 경직됨을 느낀다. 모든 것이 자유롭고 조화롭게 타깃 방향으로 움직이는 것이 아니라 삐걱거리며 안간힘을 쓰는 느낌이다. **반면 왼발의 위치가 정확하다면 온 힘을 끌어내 공을 칠 수 있다. 모든 것을 방출하는 것이다. 이렇게 될 경우 모든 에너지는 온전히 볼에 전달된다.**

왼발의 위치와 같이 너무나 사소해 보이는 문제가 전체 스윙을 좋게도 나쁘게도 만드는 이유는 골프의 본질과 직결된 사항이기 때문이다. 깊게 다루지는 않겠지만 그 해답은 물론 해부학에서 찾을 수 있다. 어떤 경우에도 신체의 모든 근육은 다른 근육과 서로 연결되어 있다. 따라서 연속 동작에서 하나의 근육을 사용하면 이와 연결된 다른 근육도 자연스럽게 활성화된다. 골프에서는 우리가 활발하게 사용해야 할 근육이 있는 반면 스윙과 전혀 관련 없는 근육도 있다.

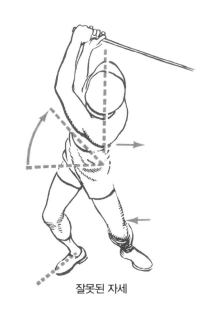

잘못된 자세

오른발 위치가 잘못되면
여러 심각한 문제를 초래한다.
예를 들어 오른 다리가
오른쪽 바깥으로 빠지는
스웨이 현상이 나타나거나
왼쪽 무릎이 구부러질 수 있고,
지나친 골반 회전이 나타날 수 있다.
또한 왼팔이 구부러지면서
잘못된 어깨 회전이 만들어지기도 한다.

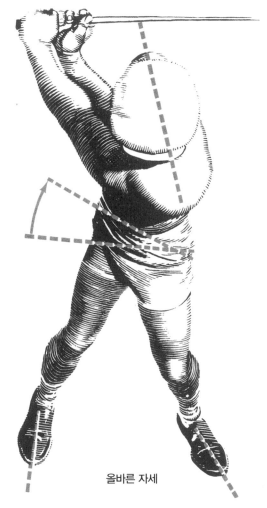

올바른 자세

예를 들어, 우리가 백스윙에서 골반을 과도하게 회전할 경우, 우리는 올바르게 골반을 사용하여 원래대로 돌아오지 못하고 잘못된 곳에서 힘을 끌어온다. 샷에 힘을 실어야 하기 때문이다. 이때 대표적으로 사용하는 부위가 오른쪽 어깨다. 이처럼 잘못된 힘을 스윙에 가하면 신체의 협응은 깨지기 마련이다. 잘못된 근육을 사용하면서 올바른 근육의 올바른 기능을 저해하기 때문이다. 올바른 습관과 근육 기억을 기르는 일이 중요한 것도 바로 이 때문이다. 어떻게 보면 스윙에서 신체의 각 부위가 기능하는 방식은 영웅과 악당이 등장하는 서부영화의 논리와 크게 다르지 않다. 영웅이 세력을 장악한 순간 악당은 더는 힘을 쓰지 못하기 때문이다.

이어서 팔 모양에 대해 살펴보자. 스윙하는 동안 두 팔 가운데 한 팔은 반드시 펴진 상태로 쭉 뻗어 있어야 한다. 여기에는 아주 명확한 이유가 있다. **우리가 스윙을 하는 동안 한 팔이 반드시 펴져 있어야 클럽이 최대한의 스윙 아크를 그릴 수 있기 때문이다.** 만약 백스윙에서 왼쪽 팔꿈치가 구부러지거나, 팔로우 스루에서 오른쪽 팔꿈치가 구부러진다면, 스윙 아크는 현저히 작아진다. 따라서 스윙 아크가 작아질 경우, 클럽이 가속도를 얻을 수 있는 구간을 스스로 단축하는 셈이다. 참고로 클럽의 속도가 빠를수록 당연히 비거리는 늘어난다. 가속하는 자동차에 빗대어 이해해보자. 자동차로 두 블록을 가속했을 때와 다섯 블록을 가속했을 때 과연 그 속도가 같겠는가? 또한 양팔 가운데 한 팔이 항상 펴 있으면 스윙아크는 일관성을 유지한다. 이처럼 일정한 스윙 아크를 갖는다면 매번 스윙을 할 때마다 팔을 다르게 구부림으로써, 신체의 협응과 스윙 아크가 제각각인 사람보다 일관된 스윙을 가질 확률이 훨씬 높아진다.

왼팔은 어드레스 자세에서 쭉 뻗은 상태 그대로 백스윙까지 곧게 유지된다. 이때 오른팔 팔꿈치는 구부러진다. 다운스윙에서도 왼팔은 쭉 뻗은 상태를 유지하며 오른팔은 서서히 펴진다. 공이 약 30센티미터 지난 지점에서 클럽헤드의 속도는 정점에 달하는데, 이때 양팔은 모두 완벽히 펴진다. 스윙의 전체 과정에서 유일하게 양팔이 펴지는 순간이다. 이 지점을 통과하면 왼팔 팔꿈치는 접히고, 오른팔은 팔로우 스루가 끝날 때까지 뻗은 상태를 유지한다. 오른팔은 구부러지고 왼팔은 펴져 있는 백스윙의 데칼코마니라고 생각하면 이해가 쉽다. 전체 스윙 과정에서 임팩트 직후 왼팔이 처음 굽혀질 때까지는 왼팔을 샤프트의 연장선이라는 느낌으로 움직여야 바람직하다. 물론 그 과정에서 손목의 유연성이 필요하며 손목은 자연스럽게 꺾이게 된다. 어쨌든 손목은 경첩 역할을 하기 때문이다. 따라서 전반적으로 왼팔은 곧게 뻗어 있어야 하지만, 손목이나 팔꿈치를 비롯한 어떤 부위도 뻣뻣하게 경직되어 로봇 팔처럼 움직이면 안 된다. 골프는 어디까지나 유쾌한 게임이기 때문에 부자연스럽게 경직되는 행동은 불필요할 뿐 아니라 바람직하지도 않다.

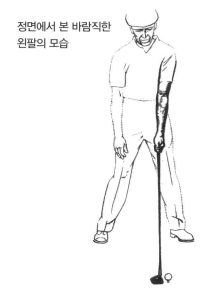

정면에서 본 바람직한
왼팔의 모습

측면에서 본 바람직한
왼팔의 모습

048

팔은 골프 스윙에서 사실상 클럽과 몸을 연결하는 역할을 한다. 따라서 두 팔을 서로 가까이 붙일수록 한 몸처럼 움직이며, 이렇게 일체감이 형성되었을 때 스윙이 전반적으로 조화롭게 만들어진다.

양팔의 윗부분은 가슴과 겨드랑이에 바싹 밀착돼 있어야 한다. 나는 의식적으로 양팔 윗부분을 겨드랑이에 강하게 붙이는 편으로, 만약 이를 떼어내려면 엄청난 힘으로 잡아 뜯어야 할 정도다. **또한 팔꿈치는 가볍게 구부려 몸에 붙인다. 반드시 몸 밖으로 튀어나오지 않도록 유의한다. 어드레스 자세에서 왼쪽 팔꿈치와 오른쪽 팔꿈치는 각각 왼쪽과 오른쪽 골반뼈를 가리킨다. 아울러 팔꿈치 아래쪽 팔뚝과 손목은 단단하게 고정되어 일체감이 느껴져야 하며, 이 느낌을 스윙의 전 과정에서 유지해야 한다.**

팔꿈치와 관련해 당부하고 싶은 내용이 있다. 양 팔꿈치를 최대한 서로 가깝게 당겨주는 게 중요하다. 이렇게 팔꿈치가 몸에 밀착되어 골반뼈를 가리키면, 팔꿈치 안쪽에 움푹 패인 부분이 팔 중앙에 나란히 정렬됨을 확인할 수 있다. 이 부위가 자연스럽게 하늘을 바라본다면 자세가 제대로 만들어진 것이다. 반면 만약 서로 마주보고 있다면 잘못된 것이다. 이를 활용하여 자세를 제대로 취했는지 확인해도 좋다. 이렇게 만들어진 어드레스 자세에서 왼팔은 상대적으로 곧게 뻗는 반면, 오른팔은 팔꿈치가 살짝 안으로 접히는 것을 느낄 수 있다. 백스윙 때는 이 오른팔 팔꿈치가 밖으로 튀어나가지 않도록 유의한다. 오른팔 팔꿈치는 어드레스 자세가 올바르게 만들어졌을 때만 몸과 가깝게 접힌다. 또한 오른팔 팔꿈치는 백스윙의 중간까지 최대한 움직이지 않아야 한다. 측면으로 밀리듯 빠져도 안 되고 오른쪽 뒷면으로 미끄러져도 안 된다. 몸에 가까이 붙어 있는 한 항상 지면을 향한다. 이때 오른팔 윗부분을 겨드랑이에 최대한 붙이면 팔꿈치의 움직임을 최소화하는 데 큰 도움이 된다.

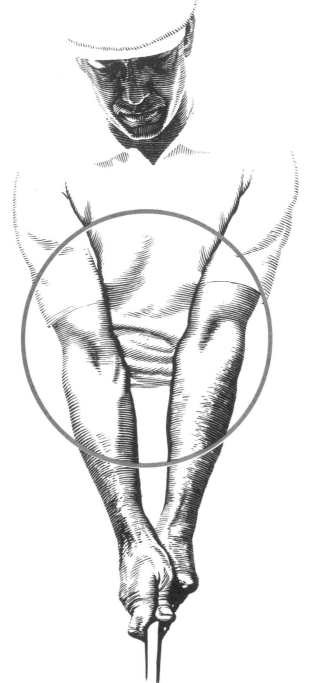

전체 스윙 과정에서 양쪽 팔과
팔꿈치를 최대한 밀착한다.

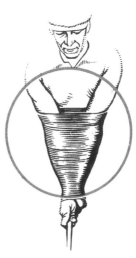

050

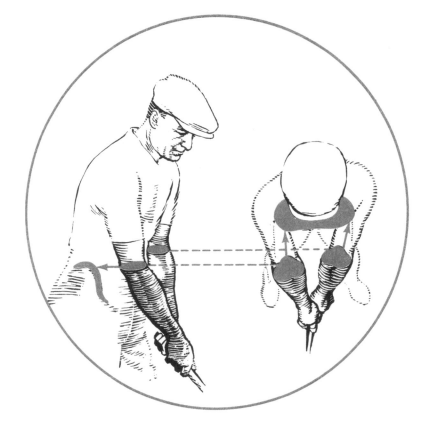

두 방향에서 바라본 팔꿈치와 골반의 위치

어드레스 자세에서 팔의 위치가 올바르게 형성된다면 이상적인 팔의 기능을 끌어내기가 한결 수월해진다. 여기에 충분한 연습이 동반된다면 양팔은 매 스윙마다 일관된 기능을 보여준다. 마치 로봇처럼 이렇다 할 오차도 없이 동일한 기능을 반복 수행하게 된다. 이 동작이 몸에 익으면 양팔과 클럽이 한 몸처럼 작동하는 느낌을 받을 수 있다. 마치 양팔이 이등변 삼각형의 등변을 담당하고, 클럽은 두 변이 만나는 꼭짓점에서 솟아난 첨탑 같다고 할까. 앞뒤로 스윙을 반복하며 연습을 거듭하다 보면 어느새 스윙이 올바른 방향으로 가고 있다는 확신이 생기기 시작한다. '이 스윙이 있다면 항상 일정하게 공을 쳐 보내고 클럽을 다시

어드레스 자세에서 오른팔 팔꿈치는
오른쪽 골반뼈를 가리킨다.
이 자세가 형성되었을 때 백스윙에서
팔꿈치가 올바르게 접힌다.

어드레스 자세에서 왼팔 팔꿈치는
왼쪽 골반뼈를 가리킨다.

가져올 수 있겠다'라는 믿음이 점점 더 강해질 것이다. 그리고 실제로 여러분의 스윙은 그렇게 될 것이다.

이제 우리는 제2장 〈스탠스와 자세〉의 마지막 주제로 공 앞에서 자세를 취할 때 몸과 다리를 얼마나 유연하게 구부려야 하는지 알아볼 것이다. 이쯤에서 지나치게 남용되고 오용되는 '이완'이라는 단어에 대해 짚고 넘어가고자 한다. 개인적으로 골프는 다른 어떤 스포츠보다 완전한 이완을 경험하기 어려운 운동이라고 생각한다. 일반적으로 운동선수들은 단순히 몸을 움직이는 동작만으로도 긴장을 상당히 완화할 수 있다. 하지만 일반인들은 과연 정적인 자세에서 정확한 스윙을 할 수 있을까 하는 불안을 자연스럽게 느낀다. 그들이 골프 코스에서 가장 걱정하는 것도 바로 이 문제다.

이 문제를 해결할 방법은 다양한데, 모두 스윙의 본질을 정확히 이해하고 있는지와 관련이 깊다. 가감 없이 이야기하면 우리는 완벽한 이완 상태에는 도달할 수 없고, 그것이 바람직하지도 않다는 사실을 깨닫는 것이 중요하다. 골프를 치러 나가면서 다소 긴장하는 것은 전혀 문제가 아니다. 어쩌면 당연히 느껴야 하고 너무 자연스러운 일이다. 상당한 집중과 노력이 필요한 일을 하면서 늦은 저녁 집에서 TV쇼를 보듯 편안한 마음을 기대할 수는 없지 않은가. 내가 아는 한 승부욕이 강한 일류 골퍼들 가운데 완전히 이완된 상태에서 골프를 치는 사람은 예나 지금이나 없다. 모두 토너먼트 경기에 대한 압박감을 느낀다. 다만 모두가 다른 성격을 지녔기 때문에 이를 느끼고 흡수하는 정도가 다를 뿐이다. 존스, 넬슨, 디마렛, 미들코프, 스니드, 사라센, 아머 등 너나 할 것 없이, 긴장감을 표출하든 그렇지 않든 각자의 방식으로 압박감을 소화한다.

그러나 수동적인 이완과 대비되는 능동적인 이완이라는 개념이 있다. 모든 일류 선수들은 치열한 경쟁으로 인해 압박감이 가득한 상황 속에서도 능동적인 긴장 상태를 유지한 채 샷을 준비하고 실제로 샷을 성공시킨다. 즉, 힘없이 축

어드레스에서 무릎을 구부리며
반쯤 걸터앉는 자세를 취했을 때
상체는 비교적 꼿꼿한 상태를 유지한다.
양 무릎은 서로 안쪽을 향한다.

054

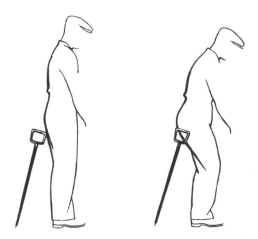

골프에서 말하는 앉는 동작이란 약 5센티미터 몸을 낮춰
기다란 휴대용 관람석에 걸터앉는 모습과 유사하다.

대다수의 일반 골퍼는 잘못된 스탠스와
자세가 전반적인 스윙의 성패를
좌우한다는 사실을 깨닫지 못한다.
양다리가 뻣뻣하게 경직되거나,
반대로 무릎을 과하게 굽히거나,
어깨가 공 쪽으로 굽으면 처음부터
신체의 균형이 깨진다.

처지거나 뻣뻣하게 굳어 있는 것이 아니라, 샷을 수행하는 신체 기관에 생생한 긴장감을 불어넣는다. 음악가들이 악기를 조율하듯 근육을 조율하고 준비하는 과정이라 할 수 있다. 이처럼 하지 말아야 할 행동보다는 해야 할 일이 있어서 크게 도움이 된다고 본다.

일반 골퍼들도 토너먼트에 출전하는 투어 선수들과 마찬가지로 정확한 자세를 바탕으로 근육 체계가 제대로 기능할 수 있게 만든다면 올바른 샷을 준비하는 법을 배울 수 있다. **무엇보다 중요한 것은 무릎을 편안하고 적절하게 구부리는 것이다. 양다리는 유연성을 유지하면서도 동시에 생생한 긴장감이 흘러야 한다.** 그러면 나머지 신체 부위는 두 다리의 운동 감각을 자연스럽게 감지한다. 무릎이 이상적으로 필요한 만큼 구부러졌을 때 골반과 어깨도 편안하게 회전할 수 있다. 사실상 모든 동작이 한결 수월해지고 조화를 이룬다. 일류 선수들이 최고의 성과를 기록한 날에는 하나같이 다리가 마음먹은 대로 움직여주었다고 이야기하는 것도 이 때문이다.

우리는 어드레스를 취할 때 평상시의 꼿꼿한 상태에서 몸을 살짝 낮추고 자세를 고쳐 잡는다. 스윙을 실행하기 위해 필요한 균형과 안정감을 얻기 위한 의도적인 행동이다. **무릎을 굽힐 때는 골반을 사용하지 않는다. 허벅지부터 내려가야 한다. 무릎이 구부러진 상태에서 상체는 평소와 같이 세운다. 의자에 앉는다고 생각하면 이해하기 쉽다. 단, 지금 이야기하는 앉는 동작은 야외 운동경기를 관람할 때 사용하는 기다란 휴대용 관중석에 엉거주춤 걸터앉는 느낌과 비슷하다. 따라서 의자의 앉는 부위가 엉덩이보다 약 5센티미터 아래에 있다고 생각하면 좋다.** 이처럼 반쯤 걸터앉은 자세를 취했을 때 몸의 앞뒤 양옆으로 균형감이 느껴져야 한다. 또한 엉덩이에는 묵직함이 전달된다. 무릎 밑으로는 강한 긴장감을 느낄 수 있는데, 일종의 강력한 탄성 에너지가 충만해지는 느낌을 받을 수 있다. 무게중심은 발가락보다는 발뒤꿈치 쪽에 있기 때문에 신발 안에서 엄지발가락을 들어 올릴 수도 있다. 거듭 강조하지만, 등은 페어웨이를 걸을 때처럼 펴진 상태를 유지한다. 따라서 어깨도 공 쪽으로 말리지 않도록 유의하며, 고개를 숙일 때도 등이나 어깨를 구부리지 말고 목만 숙이도록 한다.

반쯤 걸터앉은 자세를 연습할 때는 클럽을 손에 쥐고 정말 샷을 할 것처럼 정확하게 연습하도록 한다. 공 앞에서 똑바로 서서 양팔을 곧게 뻗으면 클럽헤드는 공 위에 약 10센티미터 정도 떠 있게 된다. 이 자세에서 몸을 낮춰 반쯤 걸터앉는 자세를 만들면 상체는 엘리베이터가 하강하듯 낮아지고, 이와 함께 클럽헤드도 내려간다. 이렇게 자세가 완성되면 클럽헤드는 공 위에 2~5센티미터 정도 떠 있게 된다. 그다음 손을 살짝 움직여 클럽헤드를 공 뒤에 놓는다.

무릎의 움직임에 대해 한마디 덧붙이고자 한다. 스윙하는 동안 무릎은 '서로를 향해' 기능한다. 따라서 시작 단계부터 그 상태를 만들어주면 좋다. 양 무릎을 안쪽을 바라보게 놓는 것이다. 이 자세는 매우 간단하지만 효과적인 방법이라고 생각한다. 스윙하는 동안 무릎의 움직임을 최소화함으로써 다른 동작에 더욱 집중할 수 있기 때문이다.

어드레스에서 양 무릎은 모두 안쪽으로 구부러지는데, 왼쪽 무릎보다 오른쪽 무릎이 약간 더 안쪽으로 굽는다. 오른쪽 무릎이 안쪽을 바라보고 있다면 제대로 '작동'하고 있다는 증거라 할 수 있다. 백스윙에서 오른쪽 다리를 지탱하고, 더 나아가 몸이 오른쪽 측면으로 흔들리는 스웨이 동작을 방지한다. 한편, 다운스윙에서 오른쪽 골반과 다리의 힘이 타깃 방향으로 분출되면 오른쪽 무릎은 다운스윙에 최적화된 위치에 놓인다. 하지만 만약 오른쪽 무릎이 처음부터 전방을 향하거나 열려 있다면, 다운스윙에서 추가적인 동작을 통해 무릎을 당겨와야 한다. 그러나 이는 무릎이 두 번 일하게 하는 셈이니 그럴 필요는 없겠다. 왼쪽 무릎의 경우 어드레스 자세에서 살짝 안쪽을 향하게 하는 것이 백스윙과 다운스윙에서 올바른 왼다리 동작을 보증하는 지름길이다.

전반적으로 요약해보면 우리의 팔과 다리, 몸통은 올바른 자세와 스탠스가 만들어져야만 적절한 균형과 자세를 유지하고, 스윙에 필요한 각자의 임무를 수행한다. 이 순간 우리는 스윙 동작에서 활발하게 움직이는 팔다리 근육에 생생한 긴장감을 느낀다. **반드시 기억할 사항은 활발히 움직이는 근육은 '안쪽 근육'이라는 사실이다. 다리와 허벅지, 양팔의 안쪽을 따라 위치한 근육이다.**

이번 장을 공부하면서 안정적이고 믿을 만한 스윙을 체득하는 것이 상당히 지루하고 고통스러운 과정처럼 느껴졌을 수도 있다. 그러나 꼭 그렇지도 않다. 시작만 제대로 한다면 생각보다 훨씬 빨리 기본자세와 동작을 익힐 수 있다. 물론 상당한 인내심은 동반되어야 한다. 피아노를 전혀 배우지도 않고 〈마이 페어 레이디〉를 칠 수 없듯이, 스윙의 기본기를 건너뛸 수는 없다. 그립과 스탠스, 자세를 정확히 제대로 배우는 일은, 피아노를 시작하기 위해 반드시 음계를 연습해야 하는 것과 같다. 곰곰 생각해보면 골프를 배우는 가장 좋은 방법은 피아노를 배우는 방법과 상당히 닮았다. 매일매일 조금씩 연습하다 보면 탄탄한 기본기가 쌓이고, 이를 바탕으로 더 어려운 내용을 매일 학습한다. 그리고 이를 꾸준히 지속하면 결국 능력이 향상된다.

집에서 하는 연습도 아내와 아들딸, 골프 친구와 같이 한다면 상당히 유익할 뿐만 아니라 더욱 즐거워진다. 서로 돌아가며 상대방이 잘하고 있는지 확인하고 실수는 서로 고쳐주도록 하자. 여러분도 알다시피 남을 가르치다 보면 자신의 지식을 확인하는 계기가 된다. 만약 혼자 연습하는 것을 선호한다면 전신거울을 활용해 동작을 확인하면서 연습하기를 추천한다.

어떤 연습방식을 선택하든 연습을 하는 목적은 겉만 번지르르한 스윙이 아닌, 기본기가 탄탄한 스윙을 확립하기 위해서라는 사실을 명심하자. 내 스윙이 완벽하고 모범적이라고 말할 수는 없지만, 적어도 어떻게 하면 그런 스윙을 가질 수 있는지는 알고 있다고 자부한다. 여러분이 이 책에 소개된 기본 원칙을 적

058

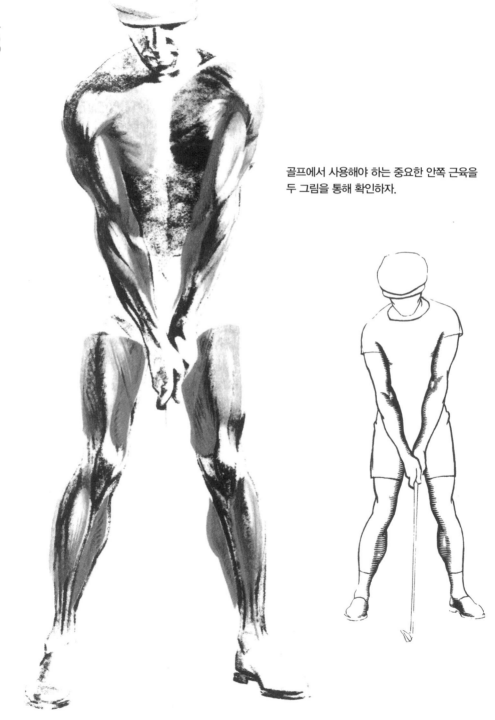

골프에서 사용해야 하는 중요한 안쪽 근육을
두 그림을 통해 확인하자.

고개를 편안하게 숙인다.

왼팔은 곧게 편다.
오른팔은 가볍게 구부린다.

왼쪽 팔꿈치는 왼쪽 골반뼈를 향하고,
오른쪽 팔꿈치는 오른쪽 골반뼈를 향한다.

양팔은 최대한 서로 가깝게 당긴다.

양 무릎은 안쪽을 향한다.

오른발은 비구선과 직각을 이룬다.

왼발은 4분의 1만큼 열어준다.

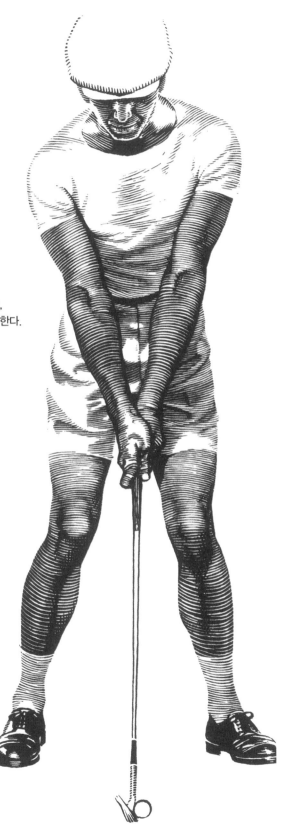

060

용한다 해도, 내 스윙과 하나부터 열까지 똑같이 할 필요는 없다. 누구나 마찬가지겠지만, 스윙의 기본기를 실행하는 나만의 방식은 나와 체격이나 근육의 배치가 다른 사람과는 자연히 다를 수밖에 없다. 내 말의 핵심은 여러분이 기본기를 완벽히 수행함으로써 똑바로 작동하는 스윙을 지니길 바란다는 것이다.

결국엔 스타일이 기능이고, 기능이 스타일이다. 모든 일류 선수들의 스윙이 근본적으로 비슷한 이유도 이 때문이다. 개인마다 사소한 버릇은 있지만 큰 줄기에서 그들은 결국 동일한 움직임을 만든다. 따라서 당신만의 골프 '스타일'을 본 친구들이 즉시 해리 쿠퍼나 맥 스미스를 떠올리더라도 그리 기분 나빠할 필요가 없다.

LESSON 3   **THE FIRST PART OF THE SWING**

스윙의 전반부

골프를 직업으로 선택한 사람들 가운데 많은 이들은 일과 시간 대부분을 골프 지도에 할애한다. 반면 또 다른 부류의 사람들은 이른바 '홈 프로'들과는 달리 토너먼트 출전을 최우선 목표로 투어 생활을 한다. 간혹 지도자와 투어 선수의 삶을 진지하게 병행하는 사람들도 있지만, 근래에는 선수들 수준이 너무 높아졌기 때문에 토너먼트 경기에 매진하기만 해도 모든 시간이 소요된다. 즉, 요즘에는 한 분야의 전문가가 될 필요가 있다.

위 이야기는 최소한 나에게 해당하는 내용이다. 토너먼트를 준비하고 출전하기 위해 말 그대로 시간과 에너지를 모두 쏟아야만 했기 때문에 누군가를 지도할 시간적 여유가 전혀 없었다. 오히려 연습과 토너먼트 준비를 위한 시간이 부족하여 아쉬울 따름이었다.

이따금 내가 토너먼트 투어 프로 생활에 몰두하지 않았다면, 일류 지도자로 성공할 수 있었을까 자문해본다. 하지만 도무지 확신할 수 없다. 한 가지 확실한 사실은 예나 지금이나 내 성격은 누군가를 가르치기에 최적화된 성격은 아니라는 점이다. 헨리 피카드, 클로드 하먼, 알 와트루스처럼 선천적으로 뛰어난 교습

가가 아닌 것이다. 참고로 이들은 투어 시절에 토너먼트 챔피언에 오르기도 했다. 하지만 나는 의욕을 갖고 실력을 향상하고자 하는 제자들에게는 상당히 괜찮은 지도자였다고 생각한다. 프로에 입문한 초창기 시절, 나는 뉴욕주 퍼체이스에 위치한 센추리 컨트리 클럽 소속 프로로 일했는데 이때 사람들을 많이 가르쳤다. 지금 생각해보면 당시 내 지도 방법은 상당히 정석에 가까웠다. 나는 학생들에게 단순히 무엇을 잘못하고 있는지 이야기하지 않았다. 효과적인 방법이 아니기 때문이다. 대신 무엇을 해야 하고, 왜 그것이 맞는지, 그리고 그 동작을 통해 어떤 결과가 만들어지는지 설명했다. 그리고 그들이 내 말을 정확히 이해할 수 있도록 열정적으로 설명했다.

일반적으로, 학생 스스로 배우고자 하는 능력과 의지는 그 어떤 가르침에 견줄 수 없는 최고의 선생이다. 내가 일했던 골프장에는 프레드 어만이라는 젊은 회사원이 있었는데 그는 이러한 학습능력을 지닌 학생이었다. 덕분에 우리는 만족스러운 성과를 이룰 수 있었다. 그는 4월까지만 해도 90타를 치는 골퍼였다. 하지만 5개월이 지난 뒤 70대를 치게 되었고 클럽 챔피언에 올랐다. 전혀 우연이나 요행이 아니었다. 다음 시즌 안타깝게도 결승전에서 칼 롭 주니어에게 클럽 챔피언을 내주었으나 프레드 어만의 실력은 나날이 발전했다. 모두 1938년과 1939년의 일이다. 골프에 대해 알아갈수록, 더욱 배울 것이 많아지고 거의 무한히 뻗어나간다는 사실은 부정할 수 없다. 1939년까지만 해도 나는 내가 골프의 기본기를 제법 알고 있다고 생각했다. 그러나 당시 내 지식은 훗날에 비하면 덜 정돈되어 있었다. 골프에서 중요한 것들이 무엇인지는 명확히 느꼈지만 그 중요성을 설명하는 일은 훨씬 어려웠다. 1946년에 이르러 비로소 골프 스윙의 원리에 대해 진정 깨우치게 되었다.

게다가 1946년도에 나는 여러 대규모 챔피언십에서 우승을 차지했다. 이러한 여러 번의 우승이 내가 옳다고 믿었던 것들이 실제로도 옳았음을 방증한다고

올바른 백스윙이 만들어지면 양발과 골반,
어깨와 양팔, 양손은 적절한 협응을 통해
골프 스윙의 클라이맥스라 할 수 있는
다운스윙에 진입할 준비를 마친다.

생각한다. 내 믿음은 성과를 이뤄냈고 반드시 필요한 시험들을 통과했다.

여러분도 알다시피 제법 괜찮아 보이는 스윙을 갖춘 선수들도 시합에서는 와르르 무너지는 사례가 많다. 그중 일부는 성격상 토너먼트 경기를 이겨내지 못해 무너진다. 하지만 이보다는, 치열한 경쟁을 통해 겉보기에는 그럴싸한 스윙이 실제로는 정확하지 않다는 실체가 드러나 경쟁을 견디지 못하는 경우가 더 많다. 그러나 올바른 스윙은 경쟁을 이겨낸다. 정말 기본기가 안정적인 스윙이라면 부담감이 강한 상황일수록 더욱 확실하게 제 기능을 발휘한다. 나는 지금까지 이야기한 스윙의 진정한 기본 원칙이 옳다고 자부한다. 수많은 경기 속에서 기본 원칙을 실험해왔고, 이 기본기가 옳았음을 증명했기 때문이다.

반드시 짚고 넘어가야 할 부분이 있다. 아무리 기본기가 탄탄한 골퍼라 할지라도 기복은 있기 마련이다. 우리는 인간이기 때문에 매 순간 절정의 기량을 뽑낼 수는 없다. 토너먼트에서 우승하는 날도 있겠으나 항상 그 성과를 독차지할 수는 없는 법이다. 때로는 훌륭한 실력을 가진 동료들이 최상의 기량을 발휘하며 영광을 가져가기도 할 것이다.

내 기준에 골프의 기본은 다음 네 가지로 구분할 수 있다. 1) 그립, 2) 스탠스와 자세, 3) 스윙의 전반부(어드레스에서 백스윙 탑까지), 4) 스윙의 후반부(다운스윙의 시작부터 팔로우 스루 마지막까지)이다. 이번 장에서는 스윙의 전반부를 살펴볼 것이다. 적당한 본능과 협응 감각, 사고력과 함께 근육 움직임에 대한 통제능력이 필요한 단계다. 보기보다는 복잡하지 않으니 걱정할 염려는 없다. 사실 백스윙은 몇 가지 동작을 정확하게 이해하고 실행하기만 한다면 간단히 만들어진다. 이것이 골프 샷의 시작이다.

전반적인 스윙에서도 마찬가지지만 백스윙에서 가장 먼저 강조하고 싶은 점은 다음과 같다. 평균적인 체격 조건을 가진 어느 누구라도 몸통과 양다리, 양팔이 처음부터 올바른 위치에서 준비를 갖춘다면 정확하게 동작을 실행하는 방법을 익힐 수 있다. 이처럼 골프 스윙은 여러 동작이 누적되어 만들어지기 때문에 올바른 그립과 스탠스를 확립해야 한다. 결국 모든 동작은 서로 연결되어 나타나기 마련이다.

예를 들어 올바른 그립이 만들어지면 왼팔을 따라 겨드랑이까지 이어지는 팔 안쪽 근육에 생생한 긴장감이 느껴진다. 골프 스윙에 필요한 신체 근육들과 협응하는 근육으로, 반드시 활용해야 한다. 이로써 근육의 유기적인 움직임이 형성된다. 다리 근육도 마찬가지다. 발목에서 허벅지를 따라 이어지는 안쪽 근육은 골프에서 중점적으로 사용되는 근육이다. 예를 들어 이 근육을 제대로 사용한다면 백스윙에서 왼쪽 무릎은 자연스럽게 오른쪽으로 살짝 굽어진다. 무릎이 전방으로 발사되듯 튀어나가지도 않을 것이고, 무릎이 구부러지며 온몸이 쏟아지지도 않을 것이다. 잘못된 동작이 또 다른 잘못된 동작을 낳듯이, 처음부터 올바른 동작을 만들면 다른 움직임도 정확하게 만드는 것이 한결 수월해진다. 이러한 동작들은 연습을 통해 서로 조화를 이루어 하나의 부드러운 움직임으로 융합된다. 잘못된 스윙은 지루한 고역이지만 올바른 스윙은 신체의 기쁨을 선사한다.

'왜글'은 어드레스와 백스윙의 시작을 잇는 다리와 같다. 우리가 목표 방향을 확인하고 어떤 종류의 샷을 구사할지 계산하면, 본능이 그다음을 이어받아 클럽을 앞뒤로 흔드는 왜글 동작을 만든다. 왜글이라는 단어가 아무런 목적 없는 진자운동을 연상시켜서인지, 많은 골퍼가 클럽을 어떻게 왜글하는지는 중요하지 않다고 오해한다. 그들은 왜글 동작을 하는 이유가 긴장감을 해소하고 경직된 몸을 푸는 것밖에 없다고 생각한다. 그러나 왜글에는 그 밖에도 훨씬 많은 목적이 있다. 그것이야말로 샷을 할 때 특히 중요한 부분이다. 왜글은 한낱 사소한 몸짓이라기보다는 연습 스윙의 축소판이자 앞으로 치게 될 샷을 예행 연습하는 과정이라 할 수 있다. 클럽을 뒤로 빼는 왜글 동작을 통해 우리는 실제 백스윙에서 클럽이 지나갈 길을 미리 예습한다. 반면 클럽을 앞으로 보내는 왜글 동작에서는 클럽 헤드가 비구선과 직각이 되어 공에 정면(스퀘어)으로 들어올 수 있도록 사전조율 한다.

왜글 동작을 통해 샷을 예습하고 머릿속 계획을 근육에 전달하는 동안 우리는, 특정한 라이에서 어떻게 하면 완벽히 균형 잡힌 샷을 만들 수 있을지 미세한 조정 동작을 한다. 즉, 왜글 동작으로 스윙을 사전에 조율하는 것이다. 왜글을 할 때는 어깨를 돌리지 않고 양발도 최소한 조정하는 정도만 움직인다. 주로 움직이는 부위는 손과 팔이다. 클럽을 앞뒤로 왜글하면서 양손과 양팔은 조화로운 리듬과 템포를 양발과 다리에 전달한다. 상체와 어깨는 팔과 다리를 통해 이 리듬을 감지한다. 이로써 우리의 몸은 스윙 동작에서 각각의 기관이 조화롭게 움직일 수 있도록 하나의 리듬감을 형성한다.

왜글 동작의 가장 큰 장점은 내가 어떤 스윙을 할 것인지 실제로 예행 연습하는 효과가 있다는 것이다. 종종 내가 칠 샷에 정신을 극도로 몰두한 나머지, 이 샷을 실패하려 한들 실패할 수 없다는 생각이 들 때가 있다. 그럴 때는 어김없이 클럽을 뒤로 빼기 전부터 이미 샷을 한번 쳐봤다는 느낌이 든다.

왜글 동작을 제어하는 손은 왼손이다. 오른손은 왼손을 따라 움직인다. **클럽을 뒤로 빼는 왜글 동작을 할 때는 오른쪽 팔꿈치가 항상 오른쪽 골반 앞부분에 있어야 한다. 보통 바지의 시계 주머니가 있는 부분이다. 이때 왼쪽 팔꿈치는 약간 돌출되고, 팔꿈치 아래쪽 팔뚝은 살짝 돌아간다. 왼손은 공을 약 8센티미터 지나 타깃 방향으로 나간다. 양손을 공 쪽으로 되돌리며 전방으로 왜글 동작을 할 때도 왼손은 공을 2~5센티미터 지나 타깃 방향으로 튀어 나간다.** 왜글 동작을 하는 동안 팔꿈치 위쪽 팔뚝은 겨드랑이에 밀착된 상태를 유지한다. 앞서 강조한 바와 같이 어깨는 회전하지 않는다.

초심자의 눈에는 숙련된 골퍼의 왜글 동작이 그저 조바심을 덜어내거나 양발

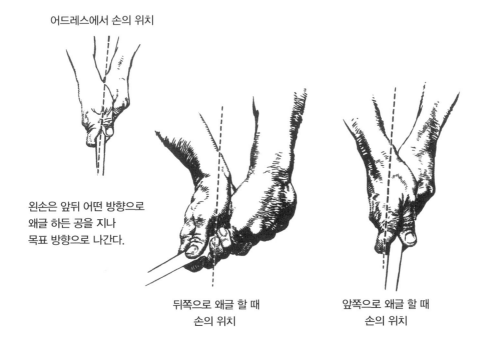

어드레스에서 손의 위치

왼손은 앞뒤 어떤 방향으로
왜글 하든 공을 지나
목표 방향으로 나간다.

뒤쪽으로 왜글 할 때
손의 위치

앞쪽으로 왜글 할 때
손의 위치

의 접지력을 높이려는 몸동작으로 보일 수 있다. 하지만 그들은 앞서 말한 바와 같이 훨씬 큰 목적을 갖고 이 행동을 한다. 앞으로 있을 샷을 조율하고 신체의 협응을 쌓는 것이다. 또한 이제 곧 사용할 몸의 각 부분을 본능적으로 일깨우고, 스윙에 필요한 움직임을 회상하기 위해 주의를 환기하는 것이다.

왜글의 리듬은 어떤 샷을 구사하느냐에 따라 달라진다. **따라서 항상 같은 왜글을 고집해서는 안 된다. 골프에서 샷을 계획하고 실행할 때는 직감이 필요하며, 따라서 이를 준비할 때도 본능에 따라 움직여야 한다.** 예를 들어 완만한 경사의 그린까지 130야드 남은 지점에서 샷을 준비한다고 가정해보자. 당신은 높은 탄도로 공을 띄워 치기로 마음먹고 7번 아이언을 선택했다. 공을 확실하게 때리고 싶은 마음은 분명하지만 동시에 그린에 사뿐히 안착할 수 있는 깃털처럼 가벼운 샷을 구현하고 싶을 것이다. 이런 상황에서는 왜글 동작을 부드럽고

068

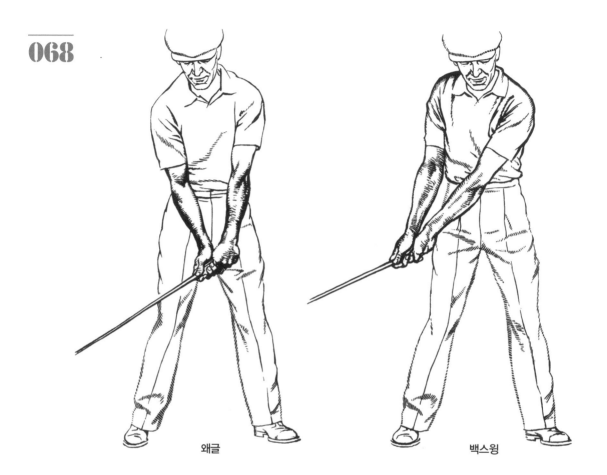

왜글   백스윙

왜글 동작을 할 때는 어깨가 돌아가지 않지만 실제 스윙에서는 어깨가 회전한다.
백스윙에서 손과 팔, 어깨는 거의 동시에 움직이기 시작한다.

천천히 만들도록 한다. 당연히 실제 샷에서도 적용해야 할 스윙 템포다. 반대로
투 온을 하려면 바람을 뚫고 낮게 드라이버 샷을 날려 최대한 비거리를 내야 하
는 상황이라고 가정해보자. 이때는 클럽을 훨씬 박력 있고 빠르게, 확신을 담아
앞뒤로 움직여야 한다. 이런 왜글 동작이 뒷받침되었을 때 실제 샷도 그렇게 나
올 것이다. 즉, 왜글은 실제 샷을 보여주는 거울이다.

왜글 동작은 실제 스윙의 도움닫기와 같다. 따라서 실제 스윙에 자연스럽게 녹아든다. 어떤 면으로 보나 백스윙은 클럽을 뒤로 빼는 왜글 동작의 연장선에 불과하다. 클럽은 동일한 궤도를 지날 뿐 아니라, 왜글 동작을 통해 처음 설정된 속도로 움직인다. 그러나 왜글과 백스윙 사이에는 반드시 짚고 넘어가야 할 결정적인 차이점이 있다. **왜글 동작을 할 때는 어깨가 돌아가지 않는다. 하지만 실제 스윙에서는 백스윙의 시작부터 어깨가 회전한다. 한편 백스윙은 손과 발, 어깨가 거의 동시에 움직이면서 시작된다.** 백스윙에서 어깨가 사용된다고 해도 왜글 동작에서 만들었던 패턴이 바뀌지는 않는다. 어깨 회전은 단지 왜글 동작의 아크를 늘릴 뿐이다.

지금까지의 레슨을 통해 골프 스윙은 근본적으로 연쇄 동작이라는 사실을 특별히 강조해왔다. 자동차 엔진의 부품과 마찬가지로 스윙을 구성하는 요소들도 하나의 목적을 향해 서로 조화를 이루며 순차로 작동한다. 각각의 요소는 자신의 역할을 수행함과 동시에 자신과 연결된 다른 요소들이 올바로 기능할 수 있도록 돕는다. 지금 이 시점에 이 이야기를 꺼내는 이유는, 우리가 손과 팔, 어깨와 골반의 상호관계를 명확히 이해하면 골프를 반드시 잘 치게 된다는 사실을 강조하고 싶기 때문이다. 골프를 잘 치지 않고는 못 배길 것이다.

백스윙을 할 때 우리의 몸은 양손, 양팔, 어깨, 골반 순서로 움직인다. (다운스윙에서는 정반대인 골반, 어깨, 양팔, 양손 순서로 움직인다.) 백스윙에서 양손, 양팔, 어깨는 거의 동시에 움직이기 시작한다. **사실 엄밀히 말하면 양손은 팔보다 조금 먼저 움직이며 클럽을 뒤로 보낸다. 그리고 팔은 어깨가 회전하기 조금 전에 움직이기 시작한다. 연습을 통해 이 느낌과 리듬을 체득하면 양손과 양팔, 어깨는 찰나의 순간에 본능적으로 싱크를 맞추어 움직이게 된다.** 골프에 갓 입문한 사람이라면 이 동작들이 마치 하나로 보일 만큼 서로 긴밀하게 움직인다는 사실을 명심하자.

백스윙에서 어깨는 항상 골반보다 앞서서 회전한다. 어깨는 백스윙과 동시에 즉시 회전하지만 골반은 그렇지 않다. **양손이 골반 높이에 도달하기 직전 어깨는 돌아가기 시작하고, 자동으로 골반을 당겨오기 시작한다. 이어서 골반 회전이 시작되면 왼쪽 다리는 오른쪽으로 당겨진다.** 조금 더 자세히 알아보자.

먼저 어깨의 움직임에 대해 알아보자. 어깨는 최대한 많이 회전할수록 좋다. 이때 머리는 당연히 고정해야 한다. 어깨를 끝까지 돌리면 등은 타깃 방향을 정면으로 바라보게 된다. 특유의 유연성으로 정평이 난 샘 스니드는 이보다 훨씬 더 많이 등을 회전한다. 이 또한 괜찮다. 어깨는 많이 돌릴수록 좋기 때문이다. 대부분 골퍼는 자신이 백스윙에서 어깨를 완전히 돌린다고 생각한다. 따라서 어깨 회전이 부족하다고 지적받으면 받아들이지 못한다. 하지만 실제로 어깨를 완전히 회전하는 골퍼는 상당히 드물다. 대부분은 어깨가 반쯤 돌아갔을 때 회전을 멈춘다. 그리고 난 뒤 클럽헤드를 끝까지 빼기 위해 왼팔을 구부리고 만다. 상당히 잘못된 백스윙으로, 전혀 백스윙이 이뤄지지 않았다고 해도 무방하다. 스윙을 시작할 때부터 왼팔이 곧게 펴지지 않았다면 클럽을 통제할 수 없고, 다운스윙에서 그 어떠한 힘과 스피드도 클럽에 전달할 수 없다. 따라서 왼팔을 구부리면 사실상 반쪽짜리 스윙을 한 것이며, 자신의 힘을 반만 쓴 격이 된다. 더 심각한 문제는 아무런 도움이 안 되는 각종 불필요한 동작들을 불러일으킨다는 사실이다.

어깨 회전이 끝까지 이루어졌는지 확인하는 방법을 소개한다. **백스윙 탑에서 턱이 왼쪽 어깨 끝에 닿아야 한다.** 정확히 어깨의 어느 부분에 닿는지는 각자의 신체 비율에 따라 달라진다. 나의 경우 어깨 끝에서 약 2~3센티미터 떨어진 지점에 턱이 닿기 때문에 골프 셔츠도 이 부분이 닳아 있다.

이어서 골반의 움직임을 알아보자. 수많은 골퍼가 골반을 지나치게 일찍 회전하는 실수를 범하는데 이는 상당히 심각한 문제다. 골반 회전이 빨라지면 스윙이 조화를 이루며 올바르게 만들어졌다고 할지라도 그 힘을 온전히 얻기 어렵다. 따라서 백스윙을 시작할 때는 어깨가 회전하면서 저절로 골반을 당겨올 때까지 골반이 움직이지 않도록 고정해야 한다.

일부 유명 선수들은 골반을 많이 돌려야 한다고 주장한다. 하지만 나는 여기에 동의하지 않는다. 골반을 지나치게 많이 회전할 경우 골반과 어깨 사이의 근육에 긴장감을 전혀 느낄 수 없게 된다. 하지만 골프를 칠 때는 이 긴장감이 필요하다. 즉, 몸의 중앙 부위에 꽉 조이는 긴장감이야말로 전체 다운스윙을 좌우하는 열쇠라 할 수 있다. 다운스윙이란 골반을 다시 왼쪽으로 되돌리면서 시작된다. 골반과 어깨 사이의 근육(은 물론 골반과 함께 움직이는 허벅지의 근육에도)에 팽팽한 긴장이 비축되었을 때 우리 몸은 비로소 다운스윙을 시작할 준비를 갖춘다. 사실 이 긴장감은 우리의 몸이 자동으로 볼을 향해 당겨지게 되는 원동력이다. 골반이 다시 왼쪽으로 되돌아가면 이 회전 동작에 따라 골반의 긴장감은 더욱 강해진다. **그리고 이렇게 강화된 긴장감은 상체의 꼬임을 다시 푸는 역할을 한다. 그 순서는 어깨와 양팔, 양손으로 이어진다. 팽팽한 긴장감은 스윙에 많은 도움이 되어 스윙을 거의 자동적인 움직임으로 만든다.** 어깨와 양팔, 양손은 모두 최적의 순간에 스윙에 진입한다. 각각의 신체 기관에는 이미 팽팽한 긴장감과 힘이 비축되어 있으며 이를 뿜어낼 순간만 기다린다.

골반이 왼쪽으로 되돌아갈 때 골반과 어깨 사이의 근육은 한층 더 팽팽해진다. 마치 자동차 타이어를 교체할 때 나사를 한 번 더 조이는 것과 비슷하다. 골반과 어깨 사이의 근육에 긴장감이 최대로 달하면 최대의 속도가 만들어진다. 이 근육의 긴장감이 팽팽할수록 상체는 (골반의 회전과 함께) 더 빠른 속도로 풀어져 그 속도를 양팔과 양손에 전달한다. 상체가 바로 동작에 진입할 수 있도록 도움닫기 역할을 하는 것이다. 이 속도는 궁극적으로 클럽헤드의 속도를 결정하며 클럽헤드의 속도는 결국 최종 비거리를 결정한다.

072

올바른 백스윙 동작은 양손, 양팔, 어깨, 골반 순서로 이뤄진다.
왼쪽과 아래쪽의 그림은 골퍼가 왜글 동작을 하고,
어드레스 자세로 돌아간 뒤, 이어서 백스윙 탑에 진입하는 연속 동작을 담고 있다.
각 그림을 참고하여 백스윙의 단계별로 주로 작용하는 신체 부위를 확인해보자.
각 그림 위에 표시된 타원형은 백스윙이 진행되는 과정에서
어깨와 골반의 회전량이 어떻게 다른지 나타낸다.

어깨

골반

이쯤에서 백스윙에 대해 다시 생각해보자. 아마도 여러분은 어깨를 최대한 회전하고 골반을 잡아둠으로써 상체의 꼬임과 근육의 비틀림을 만드는 것이 왜 이렇게 중요한지 더욱 확실하게 이해했을 것이다. 이러한 근육의 긴장감을 만드는 것은 어깨와 골반의 회전량 차이다. 만약 어깨가 돌아가는 만큼 골반도 돌아갔다면 팽팽한 긴장감 따위는 전혀 없었을 것이다.

다리의 움직임을 알아볼 차례다. 골반이 스윙에 진입하면 골반이 돌아가면서 왼쪽 다리는 안쪽으로 당겨진다. 왼쪽 무릎은 오른쪽으로 구부러지고, 왼발은 발바닥 안쪽 부위가 축이 되어 오른쪽으로 들려 올라간다. 그리고 왼쪽 다리에 있던 무게중심은 왼발의 엄지발가락 아래에 실린다. **이때 왼발 발꿈치를 지면에서 너무 높이 들지 말라고 당부하고 싶다. 발꿈치를 땅에 붙이는 것은 괜찮다. 그리고 발꿈치를 지면에서 2~3센티미터 정도 떼어도 괜찮다.** 그러나 그 이상은 들지 않도록 한다. 신체의 불균형을 초래할 뿐만 아니라 잇달아 바람직하지 못한 각종 부작용을 낳는다.

몸통과 양다리는 양발을 움직인다. **발의 움직임은 몸통과 다리에 맡겨두자.** 백스윙에서 왼쪽 무릎이 얼마나 구부러지느냐에 따라 왼발 발꿈치가 얼마나 들리는지가 결정된다. 나는 개인적으로 왼발 발꿈치는 전혀 신경 쓰지 않는다. 백스윙에서 왼발 발꿈치가 지면에 붙어 있는지, 1센티미터 또는 2센티미터 떨어지는지는 내 몸과 다리의 움직임에 따라 결정되기 때문에 전혀 중요하지 않다. 따라서 절대 신경 쓰지 않는다.

반면 오른쪽 다리는 백스윙을 할 때도 어드레스 때와 동일하게 지면과의 각도와 위치를 유지한다. 일반 골퍼라면 몸을 풀거나 실제 게임을 할 때 이를 활용해 스윙을 점검하도록 하자. 오른쪽 다리를 견고하게 유지하고 오른쪽 무릎이 살짝 안쪽을 향한다면 왼쪽 다리가 오른쪽으로 무너져 비틀거리는 스웨이 동작이나 몸이 딸려오는 동작을 방지할 수 있다.

075

오른쪽 다리의 안정성을 확인하는 방법을 소개한다.
어드레스 자세에서 클럽으로 다리의 기울기를 표시하고,
백스윙 동작을 연습할 때 이 각도가 변하는지 확인한다.

스윙의 전반부를 다루는 이 시점에서 반드시 짚고 넘어가야 하는 개념이 있다. 바로 스윙 플레인(swing plane)이다. 내가 골프에 몸담는 동안 스윙 아크에 대해 설명하는 사람들은 수없이 많았으나, 스윙 플레인을 설명하는 사람은 거의 없었다. 참으로 안타까운 일이다. 골프 스윙의 역학에 있어 스윙 플레인은 스윙 아크보다 훨씬 중요한 개념이기 때문이다.

그렇다면 스윙 플레인이란 정확히 무엇일까? 본격적으로 설명하기에 앞서 골프 스윙에는 두 종류의 스윙 플레인이 있다. 백스윙에서의 스윙 플레인과 다운 스윙에서의 스윙 플레인이다. 이번 장에서 다룰 백스윙의 스윙 플레인이란 다음 그림에서 자세히 볼 수 있듯 공에서 어깨까지 이르는 경사면의 각도로 간단히 요약할 수 있다. 이 각도의 크기는 두 요소로 결정되는데 첫 번째는 골퍼의 어깨높이이고, 두 번째는 어드레스 자세에서 골프공까지의 간격이다.

076

백스윙에서 스윙 플레인은 3D 입체 로드맵과 같은 역할을 한다. **따라서 어깨는 스윙플레인 위에서 회전해야 하며, 어드레스 때 형성된 어깨에서 공까지의 경사도는 끝까지 유지되어야 한다.** 어드레스에서 백스윙 탑에 이르기까지는 **양팔, 양손, 클럽 역시 백스윙할 때와 동일한 기울기를 유지한다.** 이때 왼팔은 가이드 역할을 한다. 어깨와 양팔, 양손이 스윙 플레인의 궤도를 따라 움직인다면, 백스윙이 끝나고 다운스윙이 시작하는 결정적인 순간에 도달했을 때 상체와 양팔의 정확한 정렬이 보장된다. 뒤이어 골반이 회전하면서 다운스윙이 시작되고 상체의 꼬임을 풀어내면, 어깨와 양팔, 양손은 차례로 매끄럽고 강력하게 스윙에 들어간다. 달리 말해 스윙 플레인을 지키면서 백스윙을 한다면, 골퍼는 사전에 힘을 응집함으로써 다운스윙에서 각 요소가 올바르게 작용할 수 있도록 돕는 것이다. 골반과 어깨 양팔, 양손의 에너지는 순차로 방출되고 완벽한 연쇄 동작이 나타난다. 이로써 샷에 모든 것을 쏟아붓고, 최대한의 비거리와 정확성을 구현하게 된다. 이러한 골퍼는 스윙을 시작하면서부터 힘이 갖춰졌을 뿐 아니라 다운스윙이 빨라지면서 그 힘이 더욱 커지기 때문에, 서투른 골퍼들처럼 인위적으로 힘을 만들기 위해 마지막 순간에 스윙을 망치는 동작을 억지로 만들 필요가 없어진다. 사실 이러한 잘못된 노력은 비거리에도 도움을 주지 못하고, 방향성도 사방팔방 흩어지는 결과를 낳는다. 샷에 쏟는 노력에 비해 대가가 너무 미미하기 때문에 골프는 실망스러운 운동으로 전락한다. 그러나 백스윙 플레인을 지키고 힘을 적절하게 비축함으로써 올바른 스윙을 구축하고 연쇄 동작을 사전에 준비한 골퍼라면, 골프는 한없이 즐거운 행복이 된다. 노력에 대한 대가를 십분 거둬들이는 셈이다.

스윙 플레인은 모든 골퍼에게 절대적으로 표준화되어 적용될 수는 없다. 올바른 스윙 플레인의 경사도는 개개인의 신체 조건에 따라 달라지기 때문이다. 예를 들어 신체 비율상 다리가 팔보다 짧은 골퍼는 완만한 스윙 플레인이 만들어진다. 이와 정반대로 팔에 비해 다리가 긴 골퍼는 매우 가파른 스윙 플레인 각도가 형성된다. 따라서 엄밀히 따지면 완만한 스윙 플레인을 가진 사람을 모두 '플랫 스윙어(flat swinger)'라고 하거나, 가파른 스윙 플레인을 가진 사람을 모두 '업라이트 스윙어(upright swinger)'라고 하는 것은 잘못됐다. 그들의 신체 비율상 자연적으로 일반인 대비 완만하거나 가파른 스윙 플레인이 만들어질 수 있기 때문이다. 그러나 팔과 클럽을 본인의 스윙 플레인보다 훨씬 아래로 떨어뜨리면 고유의 스윙 플레인 각도와 관계없이 매우 완만한 스윙이 나온다. 동일한 이치로 클럽을 스윙 플레인보다 높이 세울 경우 상당히 가파른 스윙이 만들어진다.

스윙 플레인이란 무엇이고, 우리의 스윙에 어떤 영향을 미치는지를 보여주는 최고의 방법을 소개한다. 동그랗게 구멍이 뚫린 거대한 유리판을 마치 칼을 쓰듯 머리에 쓰고 어드레스 자세를 취한다고 상상해보자. 그 가상의 유리판은 볼에서 시작하여 우리의 양쪽 어깨에 기대어 있다. **만약 백스윙이 올바르게 만들어진다면 양팔이 골반 높이까지 왔을 때, 팔은 스윙 플레인과 평행을 이루고, 백스윙 탑에 이를 때까지 유리 평면 바로 아래에서 그 평행 상태를 유지한다. 백스윙 탑에서 곧게 펴진 왼팔부터 공까지의 경사도는 유리면의 경사도와 정확히 일치해야 한다.** 실제로 왼팔은 가상의 유리판을 스치듯 움직인다. 양어깨도 마찬가지로 백스윙에서 어깨의 끝부분이 유리면을 스친다.

골프를 하면서 범하는 실수 가운데 팔과 클럽이 이상적인 스윙 플레인보다 약간 아래에서 움직이는 것은 그다지 심각한 문제가 아니다. **하지만 팔을 스윙 플레인 위로 들어 올림으로써 유리판이 깨진다면 절망적인 결과를 초래한다.** 골프 실력이 부족한 사람들은 백스윙을 하는 내내 이 실수를 반복하는데, 특히 백스윙 탑에 가까워졌을 때 가장 빈번하게 실수를 저지른다. 즉 양손이 어깨높이 정도까지 올라왔을 때 갑자기 양팔을 하늘을 향해 거의 수직으로 들어 올림 백스윙 플레인을 이해하기 위해 공에서부터 시작해 어깨에 놓인 거대한 유리판을 상상해보자. 백스윙에서 양팔이 골반 높이까지 왔을 때 팔은 스윙 플레인과 평행을 이루고, 백스윙 탑에 이를 때까지 유리 평면의 바로 아래에서 평행을 유지한다. 백스윙에서 클럽을 뒤로 뺄 때부터 이 같은 평행 상태가 만들어진다면 이상적이겠으나, 우리 몸의 선천적인 구조상 클럽을 쥔 상태에서는 골반 높이에 도달하기 전까지 평행을 만들 수 없다.

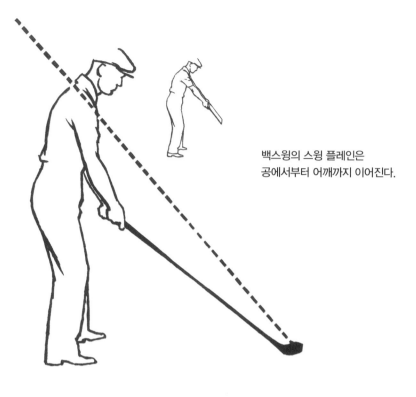

백스윙의 스윙 플레인은
공에서부터 어깨까지 이어진다.

으로써 유리는 물론 샷까지도 산산조각 부숴버린다. 손과 팔, 팔꿈치는 제 멋대로 구부러진 상태에서 훨씬 가파르고 완전히 잘못된 스윙 플레인으로 백스윙을 마무리하게 되는 것이다. 이처럼 도저히 손쓸 수 없을 정도로 자세가 흐트러지면 다운스윙에서 애써 이를 바로잡는 동작이 나오게 된다. 그러나 결국에는 항상 기상천외한 방식으로 엉뚱한 방향을 향해 공을 쳐버리기 일쑤다. 상당히 공을 잘 치는 사람 중에서도 백스윙 탑에 가까워질 때 스윙 플레인 위에서 아크를 그리는 실수를 범하는 이들이 제법 있다. 그들이 종종 어처구니없는 실수를 하는 이유도 이 때문이다. 나름의 보상 동작을 할지라도 이를 완벽히 습관화하기 어렵기 때문에 공은 페어웨이 양쪽으로 나가고 만다.

만약 여러분이 일주일 동안 매일 30번씩 백스윙을 연습한다면 생각보다 훨씬 빠르게 올바른 동작을 체득하게 될 것이다. 또한 스윙의 후반부로 넘어갈 때 최대한의 학습 효과를 이끌어낼 만큼 발전해 있을 것이다.

가파른 스윙 플레인

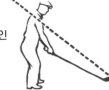

완만한 스윙 플레인

위아래 그림에서 볼 수 있듯 양팔과 클럽은
백스윙의 전 단계에서 유리판 아래에 머물러 있어야 한다.

연습할 때는 매일 10분씩 왜글 동작에 투자하도록 한다. 이와 관련해 한 가지 덧붙이고 싶은 말이 있다. 일반 골퍼가 샷을 준비하다 보면 정말 우연히도 한두 가지 핵심을 완벽히 수행하는 날이 가끔 있다. 사실 그 핵심이 무엇인지조차 전혀 모르지만 이를 해내고, 그 결과 상당히 좋은 플레이를 만든다. 그러나 거의 모든 상황에서 어드레스를 취할 때부터 상당히 불안해하고 자신감을 잃는다. 어떻게 하면 올바른 느낌을 되찾을 수 있을지 고군분투하지만 결국에는 당혹감만 느끼게 된다. '오늘은 그 느낌이 안 오네. 아무것도 느껴지지 않아'라며 당황스러움을 감추고 스스로를 합리화한다. 그러나 우리는 그 감각을 느끼지 않았던가. 만일 그립과 스탠스를 점검하고 적절한 왜글 동작을 했다면 그 감각이 되살아나 이를 충분히 활용할 수 있었을 것이다.

두 번째로 추천하는 연습은 스윙을 손이 아닌 팔과 몸에 맡길 수 있도록 단련하는 운동법이다. 어드레스 자세에서 양팔과 팔꿈치를 겨드랑이에 단단히 붙인 채 시작한다. 최대한 과장하듯 몸에 바싹 붙이도록 한다. 양팔을 괘종시계의 시계추처럼 곧게 뻗은 상태에서 몸의 회전을 따라 양팔이 백스윙 탑의 중간만큼 뒤로 빠졌다가 팔로우 스루의 중간만큼 앞으로 뻗을 수 있도록 만든다. 이렇게 앞뒤로 하프 스윙을 반복한다. 뒤로 스윙을 할 때는 왼쪽 무릎과 오른쪽 팔꿈치를 굽히고, 앞으로 스윙을 할 때는 오른쪽 무릎을 굽힌 뒤 잇따라 왼쪽 팔꿈치를 구부린다. 이 동작을 반복하다 보면 골반, 즉 몸통으로 클럽을 스윙하고 있다는 느낌을 받을 수 있다. 이 운동법은 풀스윙을 통해 얻고자 하는 기본 지식과 감각을 극대화하는 데 큰 도움이 된다. **즉 양팔의 동작은 몸통의 움직임에 따라 이루어지며, 양손은 클럽을 견고하게 쥐고 있을 뿐 아무런 의식적인 동작도 하지 않는다.**

마지막으로 백스윙을 끝까지 하는 연습도 상당히 중요하다. 올바른 스윙 플레인을 머리에 그린 다음에 백스윙에서 양팔이 스윙 플레인을 따라 움직일 수

082

앞뒤로 하프스윙을 반복하는 훈련 방법이다.
앞뒤로 스윙을 반복하면서 몸통이 양팔을 시계추처럼 움직이는 느낌을 기억하자.
팔꿈치는 겨드랑이에 단단히 밀착되어 있어야 한다.

있도록 노력한다. 내 친구 가운데 꽤 많은 이들이 스윙 플레인이라는 개념을 익힌 뒤로 놀라운 효과를 경험했다고 말했다. 그 어떤 훈련 방법보다 효과적으로 오래된 나쁜 습관을 버리고, 믿을 수 없을 만큼 자연스럽게 올바른 동작을 익힐 수 있었다고 고백했다.

하지만 나는 믿는다. 나는 스윙 플레인이라는 개념을 바탕으로 백스윙을 정립하기 전까지만 해도 내 백스윙에 한 번도 만족하지 못했고, 앞으로도 그러지 못하리라 생각했다. 1938년 무렵, 내 바람과는 달리 일관성이 떨어져 의지할 수 없는 백스윙 때문에 골머리를 썩이고 있었다. 백스윙 탑에서 클럽이 '매번 일정하게 도달하는 자리'를 찾을 수 있을까 고민하기 시작했다. 만약 백스윙에서 매번 이 자리에 도달할 수만 있다면 일관성 문제는 해결될 터였다.

나는 스윙 플레인에 대해 더욱 골똘히 연구하기 시작했다. 실험을 거듭한 결과 스윙 플레인을 따라 백스윙을 한다면 클럽은 매번 일정한 자리에 도달할 수 있다는 확실한 결론을 내릴 수 있었다. 따라서 만약 이것이 가능하다면 백스윙 플레인의 탑에서는 매번 그 길의 끝을 찍을 수 있었다. 나는 스윙 플레인을 따라 스윙을 연습했고 마침내 내 백스윙이 안정적이라는 자신감도 얻을 수 있었다. 스윙 플레인은 나의 모든 스윙과 모든 경기, 그리고 나의 모든 태도에 도움이 되었다. 내가 진정 챔피언 수준의 골퍼로 거듭날 수 있겠다고 최초로 생각한 순간도 이쯤이었음을 솔직히 고백한다.

084

LESSON 4   THE SECOND PART OF THE SWING

스윙의 후반부

골프를 하며 느낄 수 있는 최고의 기쁨 가운데 하나는 볼을 정확히 맞추자마자 느껴지는 짜릿한 감각이 아닐까. 깃대를 향해 뻗어가는 샷 정도가 아니라면 이러한 기쁨에 견줄 만한 경험은 드물 것이다. 우리는 정확하게 공을 때리는 순간 바로 그 느낌을 감지한다. 특유의 달콤한 손맛이 클럽헤드를 타고 올라와 양팔과 온몸을 휩쓸기 때문이다. 하지만 아무리 뛰어난 선수라 할지라도 매번 이렇게 훌륭한 샷을 칠 수는 없다. 골프는 본질적으로 실수의 게임이기 때문이다. 생각할 줄 아는 노련한 골퍼라면 누구나 이 사실을 알기 때문에 그들은 기본기가 탄탄한 스윙을 갖추려고 노력한다. 비록 자신이 '실수'하더라도, 그 실수가 사실은 전혀 나쁜 샷이 아니라 적당히 잘 친, 충분히 정확하고, 확실히 쓸 만한 샷이 될 수 있기 때문이다.

이번 장에서는 스윙의 여러 단계 가운데 실제로 공을 치는 과정을 다루고자 한다. 다운스윙의 시작에서부터 팔로우 스루의 마지막까지 해당하는 스윙의 후반부는 두말할 필요 없이 가장 중요한 부분이다. 우리가 가방에서 클럽을 꺼내는 순간부터 하는 모든 행동이 빛을 발하느냐 발하지 못하느냐 정해지는 순간

다운스윙은 골반을 왼쪽으로 회전하면서 시작된다.
이어서 어깨와 양팔, 양손이 순서대로 각각의 힘을 방출한다.
이와 같은 연쇄 동작으로 인해 최고의 속도가 만들어지고
팔로우 스루의 마지막까지 우리의 몸을 이끌어간다.
이 힘은 몸통에서 팔로, 그리고 손으로 전달된다.
물리학의 연쇄 동작처럼 전달을 거듭할 때마다
힘이 비약적으로 증대된다.

이기 때문이다. 내 레슨법에 따르면 스윙이란 연쇄 동작의 산물이기 때문에, 각 동작은 이전 동작의 직접적인 결과이다. 따라서 곧바로 다운스윙의 방법론으로 들어가기 앞서 백스윙의 스윙 플레인을 간략하게 복습한다면 상당히 도움이 되리라 생각한다. 제3장에서 살펴본 바와 같이 백스윙에서 스윙 플레인을 지키며 스윙한다면 백스윙이 끝나고 다운스윙이 시작되는 결정적인 순간에 올바르고 힘 있는 자세가 보증된다.

공 앞에 어드레스 자세를 취하면 백스윙 플레인의 각도가 결정된다. 공에서 부터 어깨 꼭대기까지 이르는 가상의 선이 만드는 기울기라고 할 수 있다. 우리가 이 스윙 플레인을 따라 어깨를 회전하고 팔과 클럽을 백스윙 한다면, 백스윙 탑에서 왼팔은 곧게 펴질 것이고, 왼팔과 공까지의 각도는 스윙 플레인의 각도와 일치할 것이다. 참고로 클럽을 뒤로 빼는 백스윙 동작에서 양팔과 클럽은 스윙 플레인보다 아래로 떨어져도 안 되고, 무엇보다 스윙 플레인 위로 들려서는 절대 안 된다. 우리에게 더 중요한 기능적 측면을 살펴본다면, 이렇게 스윙 플레인을 따를 경우 어깨와 양팔, 양손은 다운스윙을 하기 위한 완벽한 위치에 놓이게 된다.

수많은 나의 친구들은 이처럼 스윙 플레인의 관점에서 생각하는 방법을 익힘으로써 놀라울 만큼 스윙을 향상시키고 안정시킬 수 있었다. 스윙 플레인은 그 어떤 시각적인 교수법보다도 올바른 백스윙 동작을 **몇 번이든** 되풀이하도록 하는 데 도움이 된다. 오른쪽 팔꿈치를 적당히 안쪽으로 굽히고, 왼팔은 곧게 뻗어주되 너무 뻣뻣하게 경직되지 않은 상태에서 어깨를 끝까지 돌려준다. 양손은 일절 의식적인 노력도 없이 자연스럽게 구부러지고(코킹), 왼손 손등은 왼팔 팔뚝과 손목의 연장선처럼 일직선으로 곧게 펴진다. 백스윙을 하는 동안 양팔과 상체는 올바르게 정렬될 뿐 아니라, 이러한 여러 구성 요소들은 **몇 번이든** 신체의 준비를 갖춤으로써 다운스윙의 순간이 되면 언제든지 에너지를 방출할 태세로 적정 수준의 긴장감을 생생하게 근육에 유지한다.

나는 누군가의 스윙을 살피고 평가할 때 항상 그들의 백스윙이 스윙 플레인 선상에서 움직이는지를 확인한다. 그들의 몇 미터 뒤에서 비구선을 바라보고 선 뒤, 스윙 플레인의 각도를 따라 경례 자세를 취하듯 팔을 든다. 이렇게 하면 그들 이 백스윙을 하는 동안 스윙 플레인을 따라 클럽을 움직이는지 관찰할 수 있다. 만일 스윙 플레인을 이탈하여 백스윙을 한다면 스윙이 안정적으로 확립되어 있 지 않고, 이에 따라 압박감이 큰 상황에서는 일관된 스윙을 할 수 없음을 뜻한다.

다운스윙의 스윙 플레인은 백스윙의 스윙 플레인과는 다소 차이가 있다. **다운 스윙의 스윙 플레인은 백스윙에 비해 경사도가 비교적 완만하며 볼과의 방향에 도 차이가 있다.** 우리가 다운스윙을 시작하며 골반을 다시 왼쪽으로 회전하면, 스윙 플레인을 의식적으로 바꾸려 생각하지 않아도 두 번째 스윙 플레인에 진 입한다. 우리 몸은 왼쪽으로 이동하고, 오른쪽 어깨는 자동으로 낮아진다. 여러 분은 앞서 백스윙 플레인을 공부하면서 공에서부터 어깨까지 비스듬히 놓인 거 대한 유리판을 칼처럼 머리에 쓴 채 어드레스를 취한 모습을 상상해보았다. 다 운스윙에서는 몸이 좌측으로 이동하고 자연스럽게 오른쪽 어깨가 낮아지면서, 유리 경사면도 다른 방향으로 이동한다. 즉, 경사면의 축은 더는 비구선과 일치 하지 않고, 타깃의 살짝 오른쪽을 가리킨다. 가상의 유리판 또한 비스듬히 기울 어져 기존에 지면에 닿았던 모서리는 살짝 땅에서 들리게 된다. **우리가 올바른 다운스윙 플레인 선상에서 스윙을 한다면 인 아웃 궤도로 공을 칠 수 있게 된다.** 인 아웃 궤도로 공을 치면 스윙에 최대한의 힘을 실을 수 있고, 따라서 최대한의 클럽 헤드 스피드를 이끌어낼 수 있다. 또한 스윙의 어떠한 단계에서도 보상 동 작을 할 필요가 전혀 없어진다.

참고로 너무 앞서가려는 것은 아니지만, 다운스윙을 골반이 아닌 어깨와 손 의 힘으로 잘못 시작할 경우, 올바른 스윙 플레인에 올라탈 수 없을 뿐 아니라

위에서 바라본 백스윙의 스윙 플레인.
백스윙 탑에서 왼팔의 기울기는
스윙 플레인의 각도와 정확히 일치해야 한다.
왼팔은 유리판을 쓸어 올리듯 움직인다.

골반을 왼쪽으로 회전하며
다운스윙이 시작되면 다운스윙의
스윙 플레인에 진입한다.
다운스윙의 스윙 플레인은
백스윙에 비해 경사도가 완만하며,
그 축은 타깃 방향의 살짝
오른쪽을 가리킨다.

089

골퍼가 백스윙 과정에서 스윙 플레인을 따라
스윙하는지 확인하고 싶다면,
그의 뒤에서 비구선을 바라보고 서서,
이상적인 스윙 플레인을 따라
경례하듯 팔을 들어 올린다.
이렇게 하면 스윙 플레인을 따라
백스윙을 하는지, 그 아래로 팔이 떨어지는지,
아니면 경사면 위로 팔을 들어 올리는지
확인할 수 있다.

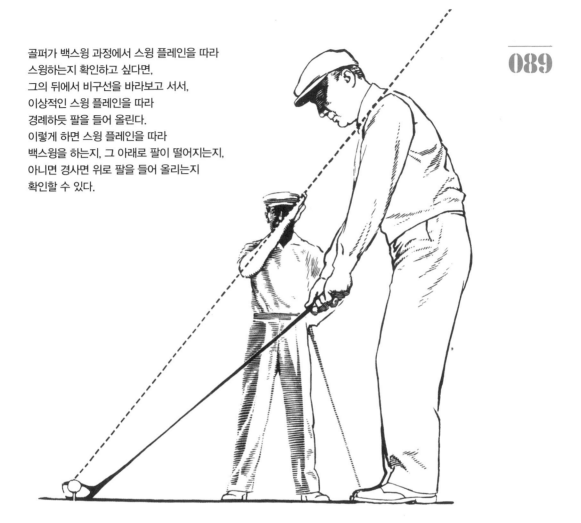

백스윙의 스윙 플레인

다운스윙의 스윙 플레인

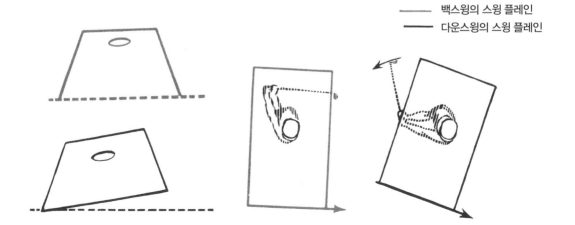

인 아웃 궤도로 공을 칠 수 없다. 그러나 골반 회전을 통해 올바르게 다운스윙을 시작한다면 그 외의 다른 준비는 전혀 필요 없게 된다. 저절로 인 아웃 궤도의 스윙이 만들어질 것이며, 원치 않아도 훌륭한 스윙을 계속해서 경험할 것이다.

물론 스윙의 후반부에 한시도 스윙 플레인에서 이탈하지 않는 것은 역학적으로도 매우 중요하다. 하지만 다운스윙에서 지나치게 스윙 플레인을 신경 쓴다고 해도, 백스윙 플레인을 의식적으로 지켰을 때 정교하고 기능적인 백스윙이 나오는 만큼 크게 도움되지는 않는다. 따라서 개인적으로는 다운스윙의 스윙 플레인에 대해 머릿속으로는 인지하되, 실제로 스윙을 할 때는 다운스윙에 결정적인 영향을 미치는 한두 개 정도의 주요 동작에만 집중하기를 추천한다.

앞서 다룬 바와 같이 **골반은 다운스윙을 이끄는 열쇠다.** 다운스윙이라는 연쇄 동작의 주축인 것이다. 따라서 골반으로 움직임을 시작하고 골반을 정확히 회전한다면, 이 하나의 동작만으로도 다운스윙은 만들어지기 마련이다. 빠른 속도를 이끌어내고, 오른발의 무게중심을 왼발로 옮길 뿐 아니라, 골반을 밀어내 양팔이 지나갈 수 있는 충분한 공간을 만들어낸다. 또한 힘을 목표 방향으로 집중시킬 수 있으며, 등의 큰 근육과 어깨, 팔, 손의 근육을 적당히 지연시킴으로써 최적의 타이밍과 장소에서 최대한의 성과를 만들 수 있는 타격 자세를 만든다.

다운스윙을 시작하려면 **골반을 왼쪽으로 되돌려야 한다. 이때 전방을 향해 무게중심을 왼발로 움직임으로써 축의 이동이 충분히 동반되어야 한다.** 다운스윙에서 골반이 움직이는 궤도는 백스윙에서 골반이 회전하는 궤도와 정확하게 일치하지는 않는다. 다운스윙에서 골반이 회전하는 아크는 백스윙 때보다 넓은 편으로, 골반 축이 횡 측으로 이동하는 양과 골반이 뒤쪽 끝까지 돌아가는 회전량, 두 측면에서 모두 백스윙 때보다 넓은 아크를 그린다.

이 같은 골반의 회전은 일련의 근육들이 유기적으로 작동하면서 활성화된다.

수축된 왼쪽 골반의 근육과 왼 다리 안쪽 허벅지를 따라 이어지는 근육은 왼쪽 골반을 좌측으로 회전시킨다. 동시에 오른쪽 골반과 오른쪽 허벅지 안팎의 근육은 오른 골반을 앞으로 밀어낸다. 이 동작이 제대로 만들어지려면 앞서 언급한 근육들은 힘을 뿜어낼 신호만을 기다리며 팽팽한 긴장 상태를 유지해야 한다. 이러한 근육의 긴장은 백스윙에서 골반은 최대한 잡아준 상태에서 어깨를 끝까지 회전함으로써 형성된다. 하지만 백스윙에서 골반을 과하게 회전할 경우 근육의 긴장과 꼬임이 사라져 골반을 목표 방향으로 밀어낼 힘이 만들어지지 않는다. 이해를 돕기 위해 다음 장면을 상상해보자. **벽을 등지고 어드레스를 취한 상태에서 왼쪽 골반뼈와 바로 뒤편의 벽을 잇는 고무줄이 있다고 생각해보자. 백스윙에서 어깨가 회전하면서 골반이 돌아가면 고무줄이 늘어나면서 탄성이 증가한다. 뒤이어 골반을 왼쪽으로 회전하기 시작하면 골반은 고무줄의 탄성으로 인해 엄청난 속도로 왼쪽으로 되돌아온다.** 골반의 움직임도 마찬가지

092

다. 골반을 당기는 힘이 크면 클수록 골반의 회전 속도는 증가하고, 골반이 빠르게 회전할수록 더 좋은 결과가 만들어진다. 아무리 빨라도 부족함은 없다.

골반의 움직임은 전체적인 연쇄 동작을 시작하는 열쇠다. 왼쪽 다리는 골반의 움직임에 맞춰 다시 왼쪽으로 구부러지기 시작하며, 왼쪽 무릎은 타깃 방향으로 가볍게 돌아간다. 또한 골반을 되돌리면 오른쪽 다리에 있던 무게중심이 왼쪽 다리로 옮겨간다. 오른쪽 무릎은 확실하게 안쪽으로 구부러지며 타깃 방향을 향하고, 스윙에 엄청난 가속도를 더한다. 이렇듯 각각의 신체기관은 다운스윙이 시작되며 여러 역할을 수행한다. **우리의 몸통과 다리, 양팔은 목표 방향을 향해 조화롭게 움직이면서 가속도를 만드는 데 기여한다. 이렇게 증가된 속도는 골퍼의 힘을 10배가량 키운다. 스윙이란 연쇄동작의 산물이기 때문에 어깨와 상체는 이 힘을 증대시켜 팔에 전달하고, 팔은 한 번 더 힘을 키워내 손에 전달한다. 뒤이어 양손도 힘을 증가시킴으로써 클럽헤드는 엄청난 속도로 공기를 가로질러 공을 때려낸다. 물론 이 모든 과정은 찰나의 순간에 벌어지기 때문에 하나하나 곱씹듯 음미할 수는 없다. 하지만 풀어 설명하자면 위와 같은 절차를 거친다.**

그러나 이처럼 훌륭한 메커니즘도 골반이 아닌 손으로 다운스윙을 시작할 경우 무용지물이 된다. 골프에 서툰 대부분 골퍼들은 이 실수를 범한다. 손을 사용해 다운스윙을 시작하는 순간 훌륭한 샷이 만들어질 가능성은 바로 사라진다. 만약 골반 회전이 안 되면 상반신 전체는 이상적인 선을 크게 벗어난다. 이 경우 클럽은 올바른 궤도가 아닌 아웃 인 궤도로 깎아 들어오기 때문에 어김없이 슬라이스 구질이 나타나게 된다. 슬라이스가 나지 않더라도 상습적인 실수를 보완하기 위해 왼쪽으로 심하게 당기는 샷이 나온다. 따라서 일반 골퍼가 골반으로 다운스윙을 시작할 수만 있다면, 스코어는 물론이고 스윙과 샷에 엄청난 변화가 생길 것이다.

이처럼 골반으로 다운스윙을 시작하는 것이 매우 중요하기 때문에, 일류 골퍼들은 그 타이밍을 더 잘 맞추려고 클럽이 백스윙 탑에 도달하기 직전 골반을 돌리기 시작한다. 이 행동은 전혀 문제되지 않는다. 충분히 용납할 수 있는 정도의 개인적인 수정사항으로, 그 어떤 상황에도 손으로 다운스윙을 시작하면 안 된다는 대전제를 오히려 공고히 하는 방증이라 하겠다. 다시 한 번 강조하지만, **골프에 갓 입문한 사람들 또는 일반 골퍼들이 가장 명심해야 할 사항은 스윙할 때 그 어떤 의식적인 손동작도 하지 않는 것이다. 올바른 스윙이란 연쇄 동작의 산물이다. 그렇기에 손을 사용해서는 안 될 때 손을 사용한다면 이 연쇄 동작이 만들어질 수 없다.**

그렇다면 손은 어떻게 움직여야 할까? 정답은 다음과 같다. 양팔이 다운스윙에서 골반 높이까지 오기 전까지는 그 어떤 적극적인 개입도 하지 않는다. 양팔도 마찬가지로 스스로 움직이지 않으며, 골반이 회전할 때 자연스럽게 끌어 내려진다. 이 같은 양손과 양팔의 '무임승차' 과정을 이해하기 위해 다음 동작을 취해보자. 클럽을 들고 백스윙 동작을 취한 뒤 백스윙 탑에서 멈춘다. 양손과 양팔은 전혀 신경 쓰지 말고 비교적 천천히 골반을 왼쪽으로 돌려본다. 이때 양손이 어디에 오는지 관찰한다. 골반이 회전할 때 양손은 백스윙 탑 위치에서 자동으로 끌려 내려와 거의 골반 위치에 달한다. 무궁무진한 스피드와 힘을 만들어내는 몸통과 연결된 손, 팔에도 힘이 가득 전달되는 순간이다.

우리가 그립부터 시작해 수행한 모든 동작은 사실 이 자세를 만들기 위해 계산된 것이다. 상호 연결된 여러 단계 가운데 어느 하나라도 빠진다면 이 자세에 도달할 수 없으며 흉내 낼 수도 없다. 따라서 우리가 기본 동작을 완벽히 수행했을 때, 신체의 각 부위는 스윙의 결정적인 순간 엄청난 양의 에너지를 끌어내고 전달할 수 있는 최적의 균형 상태를 이룬다.

094

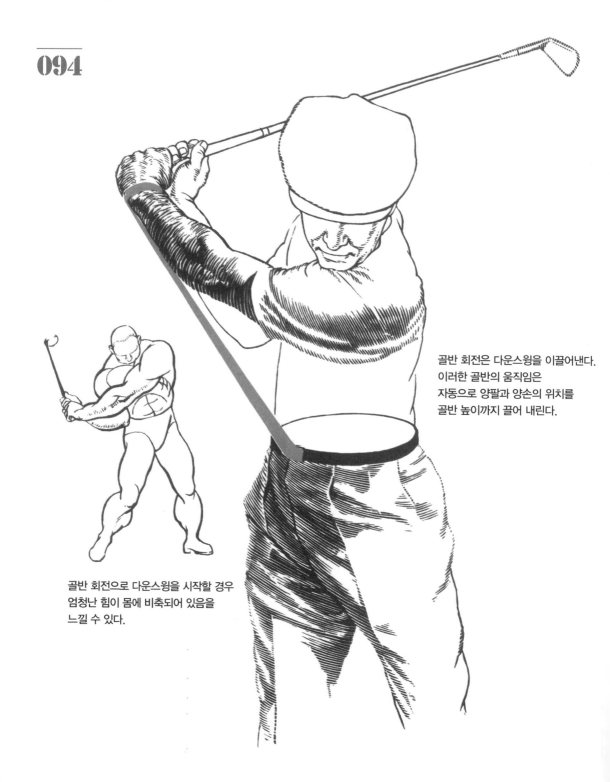

골반 회전은 다운스윙을 이끌어낸다.
이러한 골반의 움직임은
자동으로 양팔과 양손의 위치를
골반 높이까지 끌어 내린다.

골반 회전으로 다운스윙을 시작할 경우
엄청난 힘이 몸에 비축되어 있음을
느낄 수 있다.

096

골반으로 다운스윙을 시작한 뒤 우리가 신경 쓸 일은 단 하나밖에 없다. 바로 공을 때리는 일이다. 나는 드라이버 샷을 할 때 공을 최대한 세게 치려고 노력한다. 비거리가 그렇게 중요하지 않은 다른 샷에서도 그 클럽으로 보낼 수 있는 비거리만큼 힘껏 공을 때린다. 클럽 페이스가 어떻게 공에 닿는지 등은 최대한 생각하지 않는다. 어드레스와 왜글 동작에서 이미 결정되기 때문이다. 임팩트 순간 클럽 페이스를 의식적으로 제어하려는 노력은 어리석기 짝이 없는 행동이다. 그처럼 정교하고 지독한 일의 타이밍을 맞추기란 불가능하다. 눈 깜짝할 사이에 너무 빠르게 지나가기 때문이다.

나는 골프를 강의할 때, 올바른 타격 동작이란 다운스윙의 시작부터 팔로우스루의 마지막까지 끊이지 않고 하나의 흐름으로 이루어지는 움직임이라고 설명한다. 그리고 타격 동작에서는 다음 두 가지만 신경 쓴다고 말한다. 첫 번째는 골반으로 스윙을 시작하는 것이고, 두 번째는 상체, 양팔, 양손의 순서로 최대한 힘차게 공을 때린다는 사실이다. 내가 하나의 흐름으로 공을 쳐내는 동작을 상세히 설명하면 청중은 보통 두 종류의 반응을 보인다. 첫째는 점잖은 회의주의자들로, 보통 이렇게 말한다. "내가 장담하는데 뭔가 비밀이 있을 거야. 저렇게 간단할 리가 없잖아. 분명 임팩트 순간 특별한 기술을 쓰겠지. 프로들이 우리한테 절대 공개하지 않는 비법이 아닐까?" 둘째 반응은 일종의 잘못된 냉소주의로 보통 이렇게 이야기한다. "그래, 당신은 프로선수로서 20년간 매일같이 골프 코스에서 먹고 자고 했잖아. 그렇다면 모든 게 제2의 천성이 되어 아무 신경을 쓰지 않아도 직감으로 공을 쳐낼 수 있겠지. 호건은 본인에게만 당연한 일을 이야기하고 있어. 하지만 우리 같은 일반 골퍼가 듣기에는 글쎄, 밥 리처즈가 장대높이뛰기는 별것도 아니라며, 장대를 밀어서 4미터 정도 공중에 떴을 때 가볍게 몸을 굴려 바를 넘기만 하면 된다고 말하는 것과 뭐가 다르겠어?"

물론 그들의 반응도 이해하지만 사실을 정확하게 이해한 반응이라고 할 수 없다. 만일 내가 일반 골퍼도 일류 선수들과 근본적으로 동일한 방법을 사용할 만큼 충분한 신체 능력을 갖추었다고 진심으로 확신하지 못했다면 이런 강좌를 시작하지 않았을 것이다. 일반 골퍼의 문제는 대부분 신체 능력 부족보다는 무엇을 해야 할지 몰라서 발생한다.

다운스윙에서 양손이 골반 높이까지 내려왔을 때(이 책에서는 임팩트 진입 구간이라고 칭하겠다), 만일 여러분이 그때까지의 스윙 동작을 올바르게 수행했다면 본능적으로 공을 쳐낼 수 있고, 올바른 팔로우 스루까지 보장된다. 잘못된 결과가 나올래야 나올 수 없다. 그런데도, 스윙의 클라이맥스 순간에 양손과 양팔이 실제로 어떤 동작을 하는지 정확히 이해하는 것은 수많은 골퍼에게 도움이

임팩트 구간에서 오른팔과 오른손의 올바른 움직임은 야구에서 내야수가 땅볼을 주운 뒤, 언더핸드 스로우와 사이드 암 스로우의 중간 느낌으로 1루에 송구하는 동작과 비슷하다. 팔을 앞쪽으로 뿌릴 때 오른쪽 팔꿈치는 오른쪽 골반과 매우 가까워지며 팔의 움직임을 이끈다. 즉, 팔꿈치는 팔 부위에서 목표 방향과 가장 가까운 위치에 놓인다.

098

초창기 농구의 양손 패스와 마찬가지로
왼팔과 왼손은 오른팔과 오른손의 움직임을 주도한다.
오른손만큼 왼손도 있는 힘껏
공을 치고 지나가야 한다는 사실을 명심하자.

될 수 있다. 이 동작을 연습하고, 그 연습을 효율적으로 수행한다면 기술은 향상될 것이다.

우선 임팩트 구간에서 오른팔과 오른손의 올바른 움직임에 대해 알아보자. 전반적으로 이 동작은 야구에서 내야수가 땅볼을 주운 뒤, 언더핸드 스로우와 사이드 암 스로우의 중간 느낌으로 1루에 송구하는 모습과 아주 비슷하다. 내야수가 팔을 앞쪽으로 뿌릴 때 오른쪽 팔꿈치는 오른쪽 골반과 매우 가까워진다. 즉, 팔꿈치는 팔의 움직임을 이끌어내며, 송구를 할 때 내야수의 팔에서 목표 방향과 가장 가까워지는 부위도 바로 이 팔꿈치다. 팔뚝의 앞부분과 손이 팔꿈치를 뒤따르고, 공을 뿌리는 순간 팔은 비교적 곧게 펴진다. 이어지는 팔로우 스루

099

동작에서 손목과 손은 서서히 돌아가며, 팔로우 스루가 끝날 때 손바닥은 지면을 향한다.

우리는 풀 샷을 칠 때 오른손으로 최대한 강하게 공을 때리려 한다. 하지만 이는 반쪽짜리 샷에 불과하다. **공을 칠 때는 양손을 사용하여 최대한 강하게 공을 때려야 한다.** 왼손도 힘을 담당하는 손이기 때문이다. 만약 왼손은 사용하지 않고 오른손만으로 공을 세게 친다면 귀중한 힘의 손실이 있을 뿐 아니라, 오른손이 왼손을 압도했을 때 나타나는 모든 문제가 발생할 것이다. **따라서 오른손을 사용하는 것만큼 왼손으로도 최대한 강하게 공을 쳐야 한다.**

그렇다면 양팔과 양손이 공을 향해 움직이다가 공을 때리고 지나가는 과정에서 양팔은 어떻게 유기적으로 움직여야 바람직할까? 그때 우리는 과연 어떤 느낌을 받을까? 다른 스포츠에서 이와 유사한 동작을 찾는다면, 초창기 구식 농구에서 몸의 오른쪽으로부터 던지는 양손 패스를 떠올리면 이해가 쉽다. 선수가 임팩트 구간에 진입해 양손이 오른쪽 골반을 지날 때는 양손으로 공을 들고 목표 방향으로 움직이는 것처럼 보인다. 왼팔과 왼손이 움직임을 주도하고 오른팔과 오른손은 뒤따르는 형태로, 마치 골프에서 샤프트를 쥐고 있을 때와 동일하다. 단, 공은 양손에 들어올 정도의 크기이며, 그 무게는 근력 강화 운동에 사용되는 소형 메디신 볼 정도의 묵직함이다. 공을 세게 던지기 위해서는 근육을 사용해야 한다.

이 공을 비구선에서 약 4~5미터 앞에 떨어진 제법 큰 과녁을 향해 던진다고 상상해보자. 과녁 정중앙은 지면으로부터 벨트 버클 높이 정도에 위치한다. 우리는 온 힘을 쏟기 위해 무게중심을 오른발에서 왼발로 옮기며, 양팔과 양손으로 있는 힘껏 공을 뿌리듯 내던진다. 이 방식으로 공을 던져야 정확하고 힘차게 공을 던질 수 있기 때문이다. 우리는 공이 일직선으로 뻗어나가 과녁의 정중앙에 힘차게 명중하길 바란다. 그리고 이처럼 강력하게 공을 뿌려냈을 때 우리의 몸은 자연스럽게 팔로우 스루 동작까지 이어진다.

방금 소개한 양손의 결합 동작을 바탕으로 스윙을 이해한다면 언제나 왼손이 주도하는 스윙을 만들 수 있다는 장점이 있다. 스윙의 클라이맥스 단계에서 왼손 손목과 왼손 손등은 미세하게 외전하기 시작한다. 즉, 아래를 향하던 손바닥이 위를 향해 돌아가기 시작하며, 이 외전 동작은 스윙이 끝날 때까지 이어진다. 102쪽 그림의 연속 동작을 참고한다면 글로 설명하는 것보다 외전 동작의 본질을 정확하고 간결하게 이해할 수 있을 것이다.

손목의 연속 동작 가운데, 특별히 중요하기 때문에 보다 상세히 들여다봐야 할 부분이 있다. 바로 임팩트 순간 왼손 손목과 손의 위치다.

임팩트 순간 왼손 손등은 타깃 방향을 향한다. 왼손 손목 또한 도드라지게 구부러지며 타깃 방향을 바라본다. 공이 실제로 클럽에 맞는 순간, 손목은 손의 어느 부위보다 타깃 방향과 가깝게 앞으로 튀어 나간다. 왼손 손목이 이 위치에 있는 한 왼손은 클럽헤드가 움직이면서 만드는 속도를 억제하거나 방해하지 못한다. 또한 오른손이 왼손의 힘을 압도하거나 클럽이 비틀어질 염려는 하지 않아도 된다. 절대 그런 동작이 나올 수 없기 때문이다. 힘이 가해지는 한 오른손이 세 개는 되어야 왼손을 압도할 수 있겠다는 느낌이 들 정도다.

훌륭한 골퍼라면 누구나 임팩트 순간 이처럼 왼손 손목을 외전시킨다. 반면 실력이 부족한 골퍼는 모두 정반대의 행동을 한다. 클럽이 공에 가까워질 때 왼손 손목을 내전시켜 손바닥이 지면을 향하게 돌린다.

임팩트 직전 손목을 내전할 경우 스윙 아크가 달라진다. 스윙 아크의 크기가 확연히 작아지며, 업 스윙 시 경사도도 매우 가파르고 좁아진다. 손목을 내전한 덕분에 양손 속도를 높여야 할 시기에 반대로 속도를 늦추는 것이다. 이로써, 다운스윙에서 가속력을 얻고 임팩트 순간 이를 극대화하는 대신, 공을 치기도 전에 모든 스피드는 흩어져버린다. 왼손 손목을 내전하는 행동은 이 밖에도 수많은 결과를 초래하는데, 좋은 결과라고는 단 하나도 없다. 예를 들어 스윙 아크와 스윙 플레인이 바뀌면, 실력이 부족한 골퍼는 클럽의 리딩 엣지로 공을 허리를 때리는 스컬 샷(skull shot, 일명 토핑샷)을 하거나 공의 뒷부분을 때리는 실수(일명 뒤땅샷)를 범한다. 또한 클럽 페이스가 열린 경우 크게 퍼올리는 슬라이스를 범하고, 반대로 클럽 페이스가 닫힌 경우 심하게 당기거나 훅을 냄으로써 절대 원하는 대로 공을 보낼 수 없게 된다. 즉, 손목을 내전할 경우 짜릿한 손맛은 절대 경험할 수 없다. 그야말로 불가능하다.

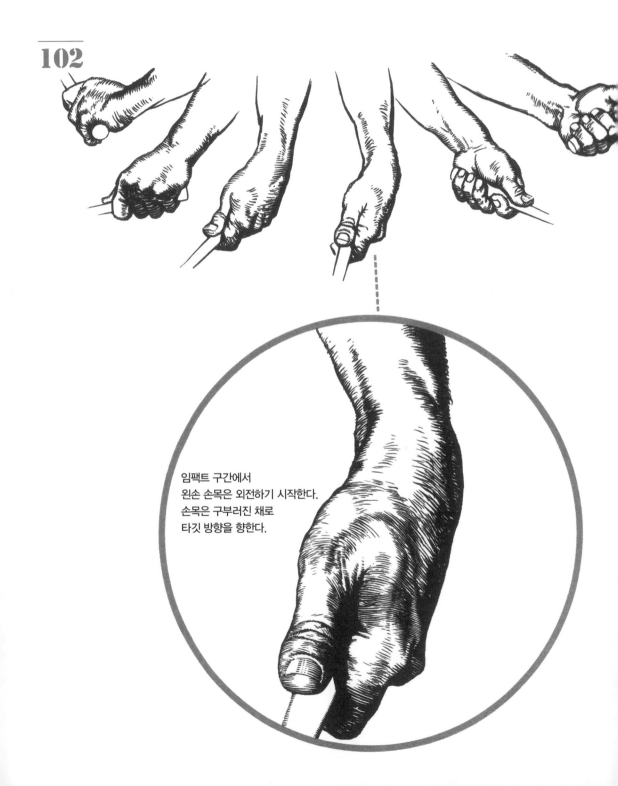

임팩트 구간에서
왼손 손목은 외전하기 시작한다.
손목은 구부러진 채로
타깃 방향을 향한다.

임팩트 직전에 왼손 손목을 내전할 경우,
골퍼는 공을 때리기도 전에 클럽헤드의 속도를 소진하고,
스윙 아크의 크기를 축소할 뿐 아니라,
이 밖에도 수많은 실수에 노출된다.

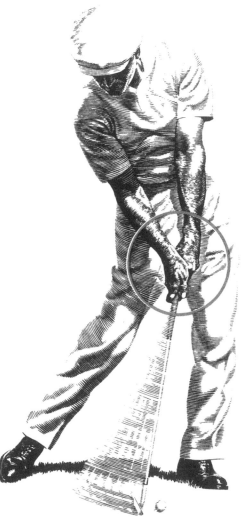

잘못된 스윙 아크

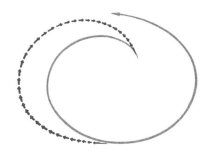

올바른 스윙 아크

손목을 내전하는 골퍼의 다운스윙 아크는 사실상 백스윙의 스윙 아크를 되밟는다. 그러나 다운스윙의 스윙 아크는 절대 백스윙의 아크를 따라가서는 안 된다. 반면, 손목을 외전할 경우 상당히 유익한 결과를 수없이 이끌어낼 수 있다. 우선 전방을 향하는 이상적인 크기의 아크가 만들어지고, 임팩트 순간 팔을 적당히 펼 수 있게 되며, 임팩트 직후 목표 방향으로 스윙을 내보낼 때도 팔이 곧게 펴질 수 있게 돕는다. 한편 스윙 아크가 커질수록 클럽헤드의 속도를 끌어올릴 여유 공간이 늘어나며, 이는 비거리에 결정적인 영향을 미친다.

손목의 외전 동작은 다양한 측면에서 비거리와 정확성 향상에 기여한다. 첫째, 클럽이 잔디를 파기 이전에 완벽하고 깔끔하게 공만 타격할 수 있게 돕는다. 뛰어난 프로선수가 공을 칠 때 경쾌한 타구음과 함께 볼이 총알처럼 뻗어나가는 것도 이 때문이다. 처음부터 공을 제대로 맞추기만 한다면 클럽은 자동적으로 볼을 지나 잔디를 파게 될 것이다. 둘째, 미세한 외전 동작은 임팩트 순간 우리의 손을 클럽헤드보다 앞서게 해 클럽 페이스의 로프트 각도를 낮추는 효과를 만든다. 우리가 일류 골퍼들의 엄청난 비거리에 깜짝 놀라는 것도 이 때문이다. 그들은 5번 아이언으로 4번 아이언의 로프트 각도를 구현한다. 하지만 손목을 내전할 경우 정반대인 결과가 나온다. 클럽의 로프트 각도를 도리어 높이는 것이다. 그리고는 결국 5번 아이언으로 7번 아이언의 비거리를 치게 된다.

실력이 빼어난 골퍼는 누구나 손목을 외전한다. 필수적으로 갖춰야 할 동작이다. 지미 디마렛은 내가 여태까지 봤던 골퍼 가운데 이 동작을 가장 뚜렷하게 취하는 선수다. 그만큼 왼손 손목을 확실하게 외전하기도 힘들 것이다. 그의 플레이를 보다 보면, 디마렛이 실제로 왼손 손등으로 공을 후려치는 듯한 인상을 받을 수 있다. 지미가 일류 선수로서 장수하는 비결은 다양하겠지만, 다른 선수들이라면 사방팔방으로 공을 날릴 법한 강렬한 바람 속에서도, 손목의 외전을 바탕으로 공을 낮고 정확하게 제어하는 능력을 빼놓을 수는 없을 것이다. 우리는 이 같은 손목의 외전 동작이 공의 포착력과 백스핀을 최대로 끌어 올린다는 사실에도 주목해야 한다. 오늘날 프로선수들이 보여주는 묘기와 같은 샷의 비결도 여기에 있다. 스컬 샷처럼 보이는 낮은 탄도의 웨지 샷은 그린에 떨어지는 순간 잔디를 물고 늘어지듯 낙하지점 근처에 멈춰버린다.

양손은 칩 샷, 피치 샷, 벙커 샷 등 그린 주변에서 샷을 할 때도 풀스윙 때와 마찬가지로 기능해야 한다. 벙커를 탈출하기 위해 모래부터 세게 퍼 올리는 샷을 제외하면 언제나 공을 먼저 때려야 한다는 사실을 명심하자. 그리고 다운스윙에서 공을 때리고 끝까지 지나간다는 느낌을 갖도록 하자. 클럽 페이스가 알아서 로프트 각도를 만들어줄 것이다. 이때 손목의 외전 동작은 올바른 스트로크를 만드는 데 도움을 주어, 아래로 깎아 치거나 위로 퍼 올리는 샷이 아니라, 풀스윙 때와 마찬가지로 협응이 갖춰진 샷을 이끌어낼 것이다.

이쯤에서 임팩트 구간과 팔로우 스루에 관련된 몇 가지 사항을 살펴보자. 대부분 올바른 자세와 관련된 문제다. 숙련된 골퍼라면 골반으로 다운스윙을 시작해 하나의 흐름으로 팔로우 스루까지 이어감으로써 자연스럽게 만들 수 있는 자세다. 그러나 연습을 하면서 이 자세를 억지로 만들려 애써서는 안 된다. 이 자세는 어디까지나 연쇄 동작의 일부이기 때문이다. 스윙의 기본기를 올바르게 수행하기만 한다면 자연스럽게 그 자세에 도달할 수 있다. 단, 다음 내용을 정확히 짚고 넘어간다면, 사람들이 골프 스윙에 대해 흔히 오해하는 것들을 바로잡고 정확한 지식을 확립하여, 연습과 실전의 가이드이자 점검 포인트로 활용할 수 있다.

먼저 대부분 골퍼들은 임팩트 순간 양팔을 모두 완벽하게 펴야 한다고 오해한다. 자신이 실제로 그 동작을 할 수 있는지는 고려하지 않는다. 잘못된 생각이다. **임팩트 순간 오른팔은 살짝 구부러진 상태를 유지한다.** 다운스윙에서 오른팔은 볼과 가까워지며 서서히 펴지게 된다. 오른팔이 완벽하게 펴지는 시점

106

다운스윙의 올바른 진행 순서는 골반, 어깨, 양팔, 양손이다.
각각의 신체 부위는 스윙에 진입하면서 유기적인 연쇄동작을 이끌어내,
가속도를 만드는 데 기여한다.

은 클럽헤드가 공을 지나 약 60센티미터 정도 갔을 무렵이다. 이때는 왼팔도 역
시 곧게 펴지는데, 스윙의 전체 과정에서 양팔이 유일하게 곧게 펴지는 시점이
다. 이 지점을 지나면 왼손 손목이 외전하면서 왼팔은 팔꿈치부터 접힌다. 백스
윙에서 오른팔이 접히는 것과 동일하다. 오른팔의 경우 스윙이 끝날 때까지 곧
게 펴진 상태를 유지하는데, 이 또한 백스윙에서 왼팔의 동작과 동일하다. 마지
막 피니시 동작에서 왼팔 팔꿈치는 지면을 똑바로 향하고 오른쪽 어깨는 턱에
닿는다. 역시 백스윙을 뒤집어놓은 모습과 유사하다. 내 경우 어깨의 꼭대기에
서 약 2~3센티미터 떨어진 지점에 턱이 닿는다.

클럽헤드의 속도가 최대에 달하는 순간은 임팩트 직후 양팔이 곧게 펴지는 지

점이다. 임팩트 순간이 아님에 유의하자. 이처럼 엄청난 속도로 인해 우리의 몸은 크고 높게 피니시 동작을 만든다. 스윙이 끝났을 때 벨트 버클은 정확히 타깃 방향을 바라보지 않는다. 타깃보다 왼쪽 방향을 바라봐야 한다. 골반으로 전체 스윙을 이끌었다면 골반뼈는 피니시 동작에서 정면을 바라보게 된다. **또한 다운 스윙의 전체 과정에서 골반은 항상 어깨를 이끌며 선행한다.** 어깨는 스윙이 끝나는 순간 비로소 골반의 속도를 따라잡게 된다.

다리 움직임에 대해 짚고 넘어가야 할 점이 있다. 임팩트와 팔로우 스루 구간에서 왼쪽 다리를 막대기처럼 빳빳하게 고정하는 것이 정통 스타일이라고 생각하는 사람들이 너무나 많다. 절대로 그렇지 않다. 왼쪽 다리를 꼿꼿이 고정할 경우 골반 회전이 끝까지 이뤄질 수 없으며, 따라서 온몸이 좌측으로 부드럽게 이동하는 움직임이 제한된다. 그리고 무게중심이 충분히 왼발로 이동하지 않으면 스윙 아크가 찌그러지고, 몸통과 양팔, 양손은 샷에 최대한의 힘을 쏟아낼 수 없게 된다.

바람직한 스윙을 살펴보면, 다운스윙에서 양손이 골반 높이에 이르렀을 때 골반은 페어웨이를 바라보며 이미 열린 상태가 된다. 이때 벨트의 버클은 공과 거의 정렬을 이룬다. 양다리는 다운스윙에서 골반의 움직임에 호응하며 움직인다. 왼쪽 다리는 좌측으로 탄력 있게 되돌아가는데, 상당한 체중이 왼발의 좌측으로 옮겨가면서 타깃 방향을 향해 구부러진다. 한편 오른쪽 다리의 경우, 앞서 살펴본 바와 같이 골반 회전이 시작되면서 무릎이 안쪽으로 구부러진다.

이번 강좌를 연습할 때는 백스윙 플레인의 복습에 일부 시간을 할애하고, 매일 30분씩은 골반 회전과 공을 치고 지나가는 움직임에 투자하기 바란다. 있는 힘껏 스윙하는 것을 두려워해서는 안 된다. 물론 많은 사람이 이를 어려워하는 것을 안다. 그들은 힘을 억제하지 않으면 잘못이 더욱 도드라질 것이라 생각하지만 나는 다르게 생각한다. 매번 스윙을 할 때마다 완전하게 펼쳐진 근육을 사용한다면, 언제나 근육의 긴장도가 달라 불규칙한 느낌을 줄 때보다 일관성이 좋아질 수밖에 없다.

나는 경험을 통해서도 증명했듯, 있는 힘껏 공을 끝까지 쳤을 때 공을 더 똑바로 보낼 수 있었다. 사실 기본이 탄탄한 스윙을 가진 골퍼라면 길고 험준한 코스에서 경기를 할 때 자신이 거대한 체격을 가졌더라도 전혀 개의치 않을 것이다. 오히려 통제할 수 있는 힘이 클수록 자신감이 커질 것이다. 그 힘을 어떻게 써야 할지 알기 때문이다. 충만한 자신감으로 어떤 그린이든 정복할 것이다.

요약과 복습

서두에 밝힌 바와 같이 이 책에서 다루는 골프 레슨은 내가 프로선수로서 25년 간 활동하며 축적한 지식의 핵심만 추려낸 것이다. 이 레슨을 통해 다음 두 사항을 이룰 수 있기를 희망한다. 첫째, 일반 골퍼들이 안정적이고 강력하며 일관된 스윙을 갖춤으로써 진정한 골퍼로 거듭나고, 골프라는 환상적인 스포츠를 한층 더 즐길 수 있기를 바란다. 앞서 1~4장을 통해 살펴본 기본 동작을 정확하게 이해하고, 이를 골프 시즌 동안 연습해 몸에 익힌다면 누구나 이러한 기쁨을 맛볼 수 있으리라 확신한다. 이번 마지막 장에서는 이러한 현대 골프의 기본기를 복습하면서 스윙의 각 부분은 하나로 통합해보고자 한다.

두 번째, 나의 레슨이 골프 스윙을 더 깊이 있게 이해하기 위한 자양분이자 뿌리가 되기를 바란다. 매년 우리는 골프에 대해 새로운 사실을 배워간다. 일련의 새로운 지식이 보다 원대한 지식을 향한 길을 터주는 셈이다. 이런 면에서 골프는 의학을 비롯한 다른 과학 분야와 유사하다. 현대 의학의 진보를 바탕으로 향후 15년 안에는 다양하고 새로운 의학적 발견을 이끌어낼 수 있듯이, 우리도 현재의 골프 지식을 가다듬고 확장할 수 있을 것이다. 내 생각에 모든 골퍼는 약

15~20년간 매우 생산적인 시기를 보낸다. 골퍼로서의 잠재력을 최대한 발휘하여 꾸준하고 깊이 있게 모든 기술을 연구하고 실험하는 시기다. 우리는 그 기간 동안 무궁한 발전을 이룬다. 하지만 일주일은 7일뿐이고 낮 시간은 한정적이다. 만일 내가 1931년 어린 나이에 프로 골퍼의 삶을 시작할 때부터, 1957년 지금까지 어렵게 습득한 지식을 이미 갖고 있고, 그만큼 높은 수준에서 실험을 시작했다면, 개인적으로 생산성이 가장 좋았을 시기에 지금보다 훨씬 훌륭한 업적을 쌓았을 것이다. 그런 면에서 오늘날의 젊은이들은 훨씬 큰 기쁨과 특권을 누리는 셈이다.

연습 때마다 내가 정확히 어떤 부분을 연습하고 있고,
그 연습이 실제 샷에는 어떤 영향을 미치는지
적는 습관은 상당한 도움이 된다.

어느 날 문득 "나 정말 오랫동안 골프를 공부하고 있구나!"라는 생각이 들었다. 처음으로 골프를 진지하게 공부하기 시작한 때는 13살 무렵이었다. 나는 당시 포트워스에 있는 글렌 가든 클럽에서 캐디로 일했는데, 에드 스튜어트라는 회원을 모델 삼아 연습했다. 노동자 신분이었던 그는 매우 뛰어난 아마추어 선수였으나 경제적 형편상 골프를 자주 칠 수는 없었다. 이 때문에 다른 아이들은 그의 고정 캐디를 하는 것을 싫어했다. 나는 전혀 그렇지 않았다. 스튜어트가 골프를 칠 때마다 그의 캐디가 되어 그의 스윙과 샷 메이킹 기술을 세세히 공부했다. 퇴근한 뒤에는 내 스윙과 스튜어트의 스윙을 비교했고, 정확하고 이상적인 스튜어트의 특정 동작을 따라하며 내 스윙을 발선시켜 나갔다.

내가 최초로 손본 중요 동작은 왼쪽 무릎의 움직임이었다. 당시 내 무릎은 백스윙을 할 때마다 앞으로 튀어나갔다. 하지만 관찰한 결과 에드 스튜어트의 무릎은 가볍게 오른쪽으로 구부러졌다. 나는 집 앞의 잔디가 남아나지 않을 때까지 무릎 동작을 수정하는 데 열중했다. 그 무렵 우리 가족이 살던 동네에는 울타리로 구분된 작은 잔디밭이 집집마다 딸려 있었다. 그리고 식료품 가게는 우리 집에서 여섯 집, 즉 여섯 개의 잔디밭을 지나 자리했다. 엄마가 빵이나 버터 등 심부름을 시킬 때면 나는 가게까지 얌전히 걸어가는 법이 없었다. 항상 골프를 치면서 갔다. 어느 날은 잔디밭을 하나씩 넘기는 칩 샷을 하고, 어느 날은 두세 개 정도 떨어진 잔디밭을 가상의 그린으로 정했으며, 어떤 때는 가장 멀리 떨어진 잔디밭을 그린 삼아 9번 아이언 샷을 풀 샷으로 때렸다. 그리고 이렇게 공을 칠 때마다 왼쪽 무릎을 점검하거나, 당시 내가 연습하는 다른 부분을 확인했다. 내가 연습하는 모습이 동네 미관에는 좋은 영향을 미치지 못했을지 모르나, 내 골프 실력에는 확실하게 도움이 되었다.

여러분도 느끼다시피 골프를 배우다 보면 단숨에 습득하는 동작도 있지만, 반대로 엄청난 시간이 걸려 체득하는 동작도 있다. 올바른 골프 스윙에 반드시 필요한 기본기 가운데 세 가지 예를 들어 설명해보겠다. 적당한 왜글 동작과 골반 회전, 백스윙 플레인이다. 나는 왜글 동작의 중요성을 비교적 빠른 시기에 깨우쳤다. 1932년부터 투어 선수로 순회 활동을 시작했는데, 이때 숏 게임의 귀재인 자니 레볼타를 관찰하고 그와 이야기를 나누면서, 그가 그린 주변에서 벌어지는 각각의 샷의 특성에 맞춰 왜글 동작을 변형한다는 사실을 알아냈다. 예컨대 벙커에서 공을 띄워 그린에 세워야 하는 상황이라고 가정해보자. 그는 공을 깎아 침으로써 그린에 멈추는 힘을 극대화하기 위해, 마치 권투에서 잽을 날리듯 날카롭고 짧게 끊는 왜글 동작을 했다. 반면 비교적 경사와 빠르기가 있는 그린의 특정 지점에 피치 샷을 날려, 측면 경사를 타고 홀컵까지 공을 굴려야 하는 상황에서는 어떻게 할까? 그는 우리가 미술 연필로 스케치할 때 마치 손끝으로 움직이듯 섬세하고 가벼운 왜글 동작을 만들었다. 이 밖에도 각각의 칩 샷에 따른 저마다의 왜글 동작이 놀라울 만큼 다양하게 구비되어 있었다. 나는 자니의 방법이 쇼트 게임뿐만 아니라 풀 샷을 할 때도 매우 유익하리라 생각했고 즉시 이 방법을 활용했다.

이로부터 얼마 지나지 않은 1930년대 중반, 나는 현역 최고의 골퍼들을 다룬 뉴스 영화를 통해 올바른 골반 회전의 개념을 명확하게 이해하게 되었다. 하지만 스윙 플레인을 정확히 이해하게 된 때는 1938년에 이른 뒤였다. 물론 그전에도 종종 야구 스윙의 스윙 플레인을 연구하고, 이에 비추어 골프의 스윙 플레인에 대해 고민하기는 했다. 하지만 안정적이지 못한 백스윙으로 걱정이 거듭되자, 비로소 스윙 플레인을 진지하게 파헤쳐보게 되었다. 다만 스윙 플레인이 내게 어떤 영향을 미치는지, 왜 그런 영향을 미치는지를 완전히 이해하기 훨씬 전부터, 이것이 내게 매우 중요한 문제임을 직감할 수 있었다. 동계 토너먼트를 거치며 순회 활동을 하는 동안, 매일 밤 호텔 방의 전신거울 앞에서 백스윙 플레인을 연습했고, 언제나 동일한 궤도로 스윙백 할 수 있도록 움직임을 기억하고자 노력했다.

　제2차 세계대전이 일어나기 전 시즌에는 스윙에 대한 지식이 쌓이고, 게임을 풀어나가는 법을 깊이 있게 배우면서 순회 토너먼트에서 승수를 늘려나갈 수 있었다. 그런데도 1946년이 되기까지는 내 골프 실력에 대해 진정 자신할 수 없었다. 일단 코스에 나가 좋은 플레이가 나오면 '오늘은 부끄럽지 않은 경기를 펼치겠구나'라고 생각은 했지만, 한 라운드를 돌기 전까지는 내가 69타를 칠지 79타를 칠지 가늠할 수 없었다. 어느 날 아침이든 갑자기 경기력이 나빠질 수 있다고 생각한 것이다. 나는 내가 최상의 자세에서 조금이라도 벗어난다면 과연 훌륭한 라운드를 이끌어낼 수 있을지 장담할 수 없었다. 함께 투어 생활을 하는 친구들은 나처럼 스윙이 자리를 잡은 사람이 어리석은 걱정을 할 필요가 없다고, 충분히 자신감을 가져도 된다고 말해주었다. 그러나 나는 스스로에 대한 불신을 멈출 수 없었다. 현재 얼마나 잘하고 있는지와는 상관없이 다음 날 그리고 또 그다음 날에도 잘할 수 있을지 계속해서 걱정했다.

　1946년, 나의 태도는 180도 바뀌었다. 경기에 나가면 반드시 훌륭한 플레이를 펼칠 수 있겠다는 믿음이 생겼고, 갑자기 와르르 무너질 듯한 불안을 느낄 필요가 없다고 생각하게 되었다. 추측하건대 내 자신감 뒤에는 이러한 생각이 자리 잡았던 것 같다. 더는 수많은 고난도 동작을 완벽하게 수행하려고 애쓰지 않았다. 지나친 완벽주의란 불가능할 뿐 아니라, 바람직하지도 않고, 필요하지 않다는 생각이 확실해졌기 때문이다. 우리가 몸에 새겨야 할 움직임은 기본 동작에 불과하며, 이 또한 얼마 되지 않았다. 심지어 이 동작들은 근본적으로 통제 가능한 동작들이기에 당일 컨디션에 관계없이 항상 훌륭하게 수행할 수 있었다. 달걀이 먼저인지 닭이 먼저인지 알 수 없듯이, 최상의 컨디션이 아닐 때도 내 실력을 믿을 수 있겠다는 확신이 들자, 나의 샷은 훨씬 더 새롭고, 안정되며, 일관성을 지니게 되었다. **다시금 강조하지만 이렇게 발전할 수 있었던 근본 이**

유는, 골프를 잘 치려면 얼마 안 되는 진정한 기본 동작만 정확하게 실행하면 된다는 굳은 믿음이 있었기 때문이다.

지금까지 우리는 그립에서부터 피니시 동작에 이르기까지 스윙을 단계별로 살펴보았다. 그렇다면 이쯤에서 스윙 동작을 '되감기'하면서, 각각의 자세로 정확하게 넘어가기 위해 유의해야 할 동작을 알아보아도 상당히 유익하리라 생각한다.

먼저 올바른 피니시 자세가 나오려면 무엇을 해야 하는가?

앞서 살펴본 바와 같이 팔로우 스루는 스윙의 마지막 단계에서 새롭게 특정 동작을 더해 만들어지는 것이 아니다. 올바른 연쇄 동작과 클럽헤드의 속도가 어우러졌을 때 저절로 완벽한 피니시가 나타난다. 따라서 **클럽을 올바르게 공까지 가져와 정확히 공을 치고 나간다면** 팔로우 스루는 제대로 만들어질 수밖에 없다.

그렇다면 우리가 정확하고 균형 잡힌 자세로 공을 때리고 나가기 위해 반드시 유의해야 할 동작은 무엇일까?

다음 세 가지 주요 동작을 수행하는 방법을 익힌다면 반드시 올바른 임팩트 구간이 만들어질 것이다. 첫째, 다운스윙은 반드시 골반을 왼쪽으로 회전하면서 시작한다. 둘째, 공을 때리고 지나갈 때는 골반, 어깨, 양팔, 양손이 순차로 움직이고, 서로 유기적으로 결합하여 하나의 움직임으로 피니시 동작까지 이어지게 한다. 셋째, 임팩트 직전 왼손 손목을 외전하기 시작한다. 여기까지가 다운스윙에서 우리가 집중해야 할 세 가지 기본 동작이다. **단, 이에 앞서 올바른 백스윙 탑 자세가 선행되어야 한다.**

그렇다면 올바른 백스윙 탑 자세를 만들기 위해서는 무엇을 해야 하는가?

올바른 백스윙 탑 자세를 만드는 세 가지 비결은 다음과 같다. 첫째, 적절하게 왜글 동작을 만든다. 둘째, 양손, 양팔, 어깨 순서로 백스윙을 시작하며, 어깨의 움직임으로 골반의 회전을 주도한다. 셋째, 백스윙을 하는 동안 스윙 플레인을 이탈하지 않는다. 백스윙을 하는 동안 신경 써야 할 동작은 이상 세 가지면 충분하다. **단, 올바른 어드레스 자세가 먼저 만들어져야 한다.**

마지막으로 어떻게 하면 올바른 어드레스 자세를 만들 수 있을까? 그렇나. 정답은 올바른 스탠스와 자세, 그립이다.

자, 이처럼 기억하고 연습해야 할 주요 기본 동작은 별로 많지 않다. 내가 보기엔 여덟 가지면 충분하다. 전반적인 스윙 동작은 그립에서 시작해 거기서부터 쌓여간다. 각각의 올바른 동작은 상호 연결되어 그다음 동작을 이끌어낸다. 즉, 스윙 전체는 연쇄적인 움직임인 것이다.

스윙의 특정 단계에서 막히는 일이 생긴다면, 이 책에서 해당하는 페이지를 다시 읽고 지식을 환기한 뒤 연습하기를 추천한다. 아울러 **연습이든 실전이든 상관없이, 결과가 아닌 원인을 들여다보는 습관을 기르도록 하자.** 예를 들어 설명해보겠다. 당신이 공을 칠 때마다 고개를 들고 미스 샷을 연발한다고 가정해보자. 당신의 친구는 대체로 "너는 고개를 숙이지 않았어"라고 말하며, 잘못된 샷의 원인으로 고개를 드는 행동이 있다는 듯 말할 것이다. 하지만 그렇지 않다. 미스 샷의 진짜 원인은 당신이 고개를 들 수밖에 없게 만드는 다른 어떤 잘못된 행동이다. 예컨대 골반으로 다운스윙을 주도하는 것이 아니라 어깨나 손으로 시작할 경우, 고개는 올바른 위치에서 이탈할 수 있다. 반대로 올바르게 스윙했다면 고개는 공에서 눈을 떼지 못할 것이다.

그렇다면 이쯤에서 정확하고 강력하며 일관된 스윙을 만들기 위한 연습에서 유념해야 할 중요 자세와 동작을 간략히 복습해보자.

그립

왼손

클럽을 손바닥 우측 하단의 도톰한 근육 아래에 단단히 붙인 뒤, 이어서 검지의 가장 안쪽 마디를 가로지르도록 만든다. 주로 힘이 들어가는 부위는 엄지와 검지를 제외한 세 손가락과 손바닥 하단의 도톰한 부분이다. 엄지와 검지 사이에 만들어지는 V자 모양은 오른쪽 눈을 가리킨다.

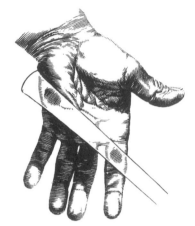

오른손

오른손 그립은 손가락으로 쥔다. 샤프트는 손바닥 아래 손가락의 가장 안쪽 마디를 가로지른다. 중지와 약지에 대부분의 힘이 들어간다. 엄지와 검지를 샤프트에서 떨어뜨린 상태로 그립을 연습해보자. 엄지와 검지 사이에 만들어지는 V자 모양은 턱을 가리킨다.

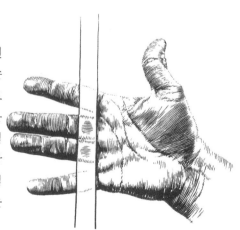

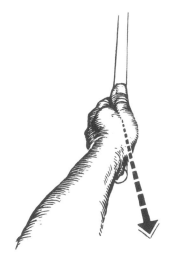

완성된 그립

양손은 마치 한 몸처럼 일체감 있게 움직인
다. 오른손 새끼손가락은 왼손 검지와 중지
사이의 홈에 단단히 고정한다. 왼손 엄지는
오른손 손바닥의 옴폭 패인 부분에 꼭 들어
맞는다.

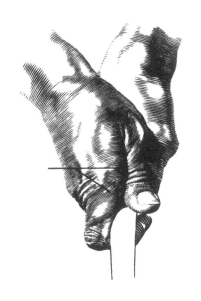

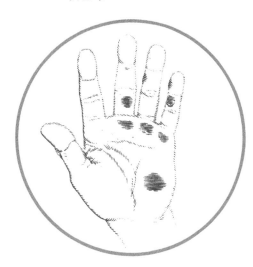

그립을 올바르게 쥐었을 때 생기는 굳은살의 위치

올바른 기본 스탠스란 단 하나뿐이다.
오른발은 비구선과 직각으로 놓고,
왼발은 4분의 1만큼 왼쪽으로 돌리는 것이다.
5번 아이언을 기준으로 양발은 어깨 넓이만큼 벌린다.
5번 아이언보다 긴 클럽을 잡았을 때는
양발의 간격을 넓히고, 짧은 클럽에서는 간격을 좁힌다.
양팔과 팔꿈치를 최대한 서로 가깝게
당겨주는 것이 매우 중요하다.
또한 양쪽 무릎이 모두 안쪽을 바라보도록 하는 것도 잊지 말자.

무릎을 구부릴 때 상체는 꼿꼿한 자세를 유지한다.

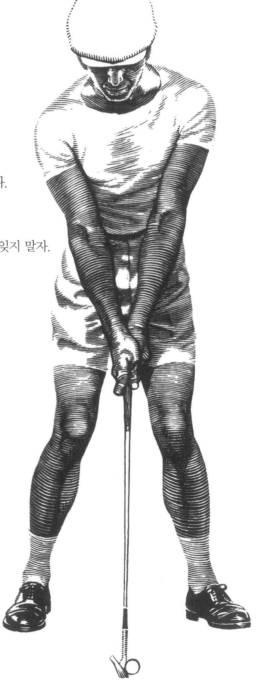

오른쪽 팔꿈치는 오른쪽 골반을 향한다.

왼쪽 팔꿈치는 왼쪽 골반을 향한다.

올바른 스탠스는 골반의 회전량을
적절하게 유지한다.

스윙의 전반부

스윙 플레인

백스윙의 스윙 플레인은
공에서부터 어깨까지 이어진다.
백스윙에서 양팔이 골반 높이에 다다르면
양팔은 스윙 플레인과 평행을 이루고,
백스윙이 끝날 때까지 평행 상태를 유지한다.

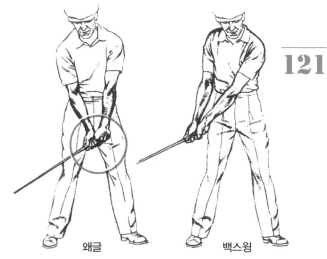

왜글   백스윙

왜글

클럽을 뒤쪽으로 왜글할 때 오른쪽 팔꿈치는
항상 오른쪽 골반 앞에 있어야 한다.
클럽을 뒤로 왜글 하며 왼팔 아래쪽 팔뚝이
돌아갈 때 우리는 사실상 백스윙의
스윙 플레인에 진입하게 된다.

움직임의 순서

양손과 양팔, 어깨는 거의 동시에 백스윙을 주도한다.
어깨는 돌아가기 시작하면서 골반의 회전을 이끈다.
골반의 회전을 지연시키면 어깨와 골반 사이 근육에
올바른 긴장감이 형성된다.

어깨

골반

122

스윙의
후반부

어깨

골반

임팩트 직전 왼손 손목은 외전하기 시작한다.
구부러진 왼손 손목뼈는 타깃 방향을 향한다.

다운스윙은 골반을 왼쪽으로 되돌리면서 시작된다.
왼쪽 그림에서 볼 수 있듯 이 같은 골반의 움직임은
자동으로 양팔과 양손을 골반 높이까지 끌어내린다.
다운스윙이라는 연쇄 동작에서 골반은 주축이 되는 요소다.
골반을 왼쪽으로 회전함으로써 몸통과 다리, 팔은
서로 결합하여 왼쪽으로 움직이게 된다.
다운스윙에 진입하면 각각의 요소들은
스윙의 속도와 힘을 증대하는 데 기여한다.
스윙이란 연쇄동작의 산물이기 때문에 어깨와 상체는
이 힘을 증대해 팔에 전달하고,
팔은 한 번 더 힘을 키워내 손에 전달한다.
뒤이어 양손도 힘을 증가시킴으로써 클럽헤드는
엄청난 속도로 공기를 가로질러 공을 때려낸다.

124

지금까지 살펴본 내용은 진정한 스윙의 기본기만을 추려낸 골프 스윙의 정수이다. 정확하고 강력하며 일관된 스윙을 갖고자 한다면 이것이 전부라고 해도 과언이 아니다. 만약 이러한 기본 동작을 제대로 실행한다면 실력은 꾸준히 일취월장할 것이다. 그리고 이 동작들은 보통 체격 조건의 남녀라면 누구나 할 수 있다. 또한 더는 스윙의 타이밍을 맞추려 전전긍긍할 필요도 없어진다. 불가능한 일인데도 손동작으로 스윙을 만들 수 있다고 생각하는 사람들이 결국에는 불규칙한 샷을 만들지 않던가. 반면 스윙을 연쇄 동작에 기초하여 다져놓은 사람들은 저절로 올바른 타이밍을 갖게 된다. 이미 타이밍이 골퍼에게 맞춰진 것이며, 연쇄 동작 자체가 타이밍이라 할 수 있다.

이 책의 레슨이 유용하고 효과적인 또 다른 이유는 골퍼가 하나의 스윙만 익히면 되기 때문이다. **어떤 샷에도 단 하나의 동일한 기본 스윙을 활용하면 된다.** 일반적인 샷이라면 언제나 공은 왼발을 기준으로 같은 위치에 놓아야 한다. 나의 경우 왼발 발꿈치 안쪽에서 1~2.5센티미터 떨어진 곳에 공을 둔다. 물론 이보다 약간 앞쪽에 놓아도 되고 뒤쪽에 놓아도 된다. 개인별로 스윙의 최저점이 어디냐에 따라 달라진다. 단, 어떤 경우에도 왼발을 기준으로 한 상대적인 위치는 변함없어야 한다. 예를 들어 숏 아이언을 치기 위해 양발의 간격을 좁힌다면 오른발을 왼발, 즉 공 쪽으로 옮긴다.

드라이버, 5번 아이언, 웨지 등 어떤 클럽을 잡든 의식적으로 스윙에 변화를 줄 필요는 없다. 클럽 샤프트의 길이가 바뀌면 의식할 새도 없이 미묘하게 스윙이 달라진다. 예를 들어 나는 43인치 드라이버, 38.5인치 2번 아이언, 37인치 5번 아이언, 34.5인치 웨지를 사용한다. 샤프트의 길이가 짧아질수록 몸은 공에 가까워져야 한다. 이에 따라 자연스럽게 스윙 플레인은 가팔라지고 스윙 아크는 작아진다.

스윙 아크가 작아지면 왼쪽 골반이 빠져나갈 여유가 줄어든다. 이를 보완하기 위해 나는 6번 아이언부터 웨지까지 짧은 클럽을 칠 때는 가벼운 조정을 하는데, 이 방법을 추천하고자 한다. **바로 공을 치기 전부터 왼쪽 골반을 미리 열어두는 것이다.** 아래 그림과 같이 어드레스 때 오른발을 공 쪽으로 약간 옮겨 오면 된다.

이 동작은 왼발을 비구선 뒤쪽으로 옮기고 왼쪽 골반을 살짝 왼편으로 돌리는, 즉 골반을 살짝 여는 효과를 만든다. 이 위치에서 6번 아이언 이하의 클럽을 친다면 여전히 풀스윙을 하고 있다는 느낌이 들 것이다. 실제로는 그렇지 않다. 이 동작은 스윙 아크의 크기를 제한하는 동작으로 그 결과 다소 비거리 손실이 발생한다. 스윙 아크가 작아지면 클럽 스피드가 줄기 때문이다. 하지만 방향성이 좋아지기 때문에 비거리 손실을 충분히 상쇄하고도 남는다. 숏 아이언의 핵심은 정확성이 아니던가.

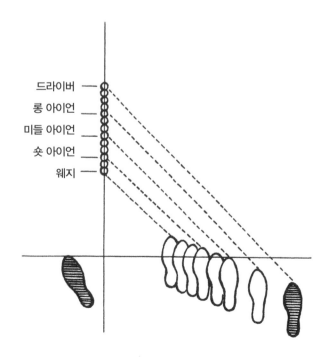

지금까지 살펴본 레슨을 부지런히 학습하면서 각 장마다 적어도 일주일씩 투자해보자. 그렇다면 이미 정확하고 일관된 스윙을 갖추기 위한 여정에 올라탄 셈이 된다. 하지만 한 달 만에 올바른 동작을 완벽히 통제할 방법을 습득하길 기대해선 안 된다. 골프 시즌 동안은 연습에서나 실전에서나 기본 동작을 지속적으로 연습해야 한다. 움직임을 꾸준히 몸에 익힌다면 점차 스윙 동작을 쉽고 효율적으로 수행하는 자신을 발견할 것이다. 이처럼 체계적으로 기본 원칙들을 학습한 골퍼의 경우, 6개월이라는 짧은 시간 안에 70대 진입을 목전에 두거나, 실제로 70대에 진입할 수도 있다. 게다가 앞으로도 자신이 꾸준히 발전할 것이라 확신하게 된다. 이야말로 가장 큰 기쁨이 아니겠는가.

한 시즌만 스윙의 기본기를 따라 연습하고 몸에 익힌다면 올바른 동작은 제2의 천성으로 자리 잡는다. 그리고 근육이 기억하는 스윙을 더욱 신뢰하게 된다면, 그만큼 경기 운영에 더 신경 쓸 수 있다. 예를 들어 각 홀마다 적절한 공략법을 고민하고, 핀까지 가는 여러 길 중에 어떤 길이 가장 현명한지를 결정하며, 지형지물을 고려한 최적의 샷을 펼치는 것이다. 즉, 경기를 이해하고 잘 풀어갈 능력이 있는 골퍼에게 훌륭한 골프 코스가 선사하는, 언제나 새로운 도전에 응할 여유가 생기게 된다.

나는 언제나 모든 운동 가운데 골프가 최고의 스포츠라고 생각해왔다. 가장 흥미롭고, 가장 어려우며, 가장 보람차다고 믿는다. 이처럼 경이로운 매력과 훌륭한 정신이 깃든 게임의 일원이 되어 형용할 수조차 없는 희열을 느낀다. 골프는 해리 바든, 프란시스 위멧, 밥 존스, 월터 하겐, 진 사라센, 토미 아머, 샘 스니드, 바이런 넬슨, 지미 디마렛과 같은 걸출한 챔피언과 매력적인 인물들을 배출했다. 물론 이 밖에도 위대한 선수들이 즐비하다.

나는 국내외를 순회하면서 골프가 실제 만국공통어로 통용됨을 경험했다. 골프에 몸담은 매 순간을 진심으로 즐겼고, 특히 골프를 통해 훌륭한 친구들을 만날 수 있어 행복했다. 또한 골프를 연습하고, 실제로 치르는 경기를 너무나 사랑했다. 내일 일정이 토너먼트 라운드이든 단순한 연습이든 상관없이, 골프가 있다는 사실만으로 영광이었고 말할 수 없이 행복했다. 그저 빨리 내일의 해가 밝아 다시 코스에 나설 수 있기를 바랄 뿐이다.

전설의 골퍼가 남긴 위대한 레슨 5
벤 호건 골프의 기본

제1판 1쇄 발행 | 2022년 3월 10일
제1판 20쇄 발행 | 2024년 11월 8일

지은이 | 벤 호건 · 허버트 워런 윈드
그린이 | 앤서니 라비엘리
옮긴이 | 김일민
펴낸이 | 김수언
펴낸곳 | 한국경제신문 한경BP
책임편집 | 마현숙
저작권 | 박정현
홍보 | 서은실 · 이여진
마케팅 | 김규형 · 정우연 · 박도현
디자인 | 이승욱 · 권석중
본문디자인 | 디자인 현

주소 | 서울특별시 중구 청파로 463
기획출판팀 | 02-3604-590, 584
영업마케팅팀 | 02-3604-595, 562   FAX | 02-3604-599
H | http://bp.hankyung.com   E | bp@hankyung.com
F | www.facebook.com/hankyungbp
등록 | 제 2-315(1967. 5. 15)

ISBN 978-89-475-4799-4   13690

책값은 뒤표지에 있습니다.
잘못 만들어진 책은 구입처에서 바꿔드립니다.